あなたの予想と馬券を変える
革命競馬

血統ゲッツ!

母の父を見よ

水上 学

はじめに

「母の父」。「母父」＝ハハチチと略して使われることがあります。自分も使ったことがあります。ちなみに、新聞の原稿に「母父」と書いたら「母の父と書いてください」と、突き返されたことがあります（笑）。

さて、この「母の父」ですが……扱ううえで実に悩ましいものであります。かなり高名な血統評論家でも、母の父馬の特徴や適性を、父馬の場合と同じに扱っていることがあります。

「父はクラシック血統だけど、母の父が短距離馬だったから、距離が不安」とか、「母の父がダート馬だから、スピードに不安」というような物言いを目にしたことがおありでしょう。

実は私も以前は、同様に考えていたことがあったのです。例えば「父は中距離血統だけど、母の父がサクラバクシンオーだから距離に不安は残る」というように。

しかし皆さんもお気づきだと思いますが、かのキタサンブラックはどうだったでしょうか？　本編で詳述しますが、父ブラックタイドはディープインパクトの全兄、そして母の父はサクラバクシンオー。これをもって、菊花賞前には距離不安がかなり囁かれていました。しかし勝ったレースは……今さら並べ立てるまでもありませんね。

ということは……母の父とはなんぞや？　血統予想をするうえで、どう扱ったらいいのか？　という疑問が湧くのは当然です。

これまでに、母の父をテーマとした予想系の書物は2，3冊読んだことはありますが、少なくとも私には矛盾だらけに思えました。前述のように、母の父としての能力を、父馬だったときと同じに扱って書かれたものが大半であり、すべてを肯定的に捉えることはできませんでした。

私は、これまでの著作では種牡馬（父馬）についてのデータ分析しかしてきませんでしたが、母の父馬についてのいろいろな言及を目にしてイライラするのであれば、自分でも一度落とし前をつけないといけないのではないか。——そういう思いに駆られて、本書に取りかかった次第です。

続いて本書の構成について説明します。

第1章では、「母の父概論」として、母の父馬（ブルードメアサイアー）がどういう役割を果たしているのかを探っていくことにします。

第2章以降では、馬券に役立つ母父データを満載していきます。まず2章は「この母父を見たら即買いリスト」。父馬に関係なく、かなりの高確率で3着以内に入ってくる、秘蔵の母父馬たちを公開します。

第3章では、国内供用されている（されていた）種牡馬について、母の父馬として主要なデータを採り、馬券に活用するポイントを指摘します。

第4章では、主に海外供用の種牡馬の母の父データを、父系別に分けて同様にチェックします。

そして最後には特別付録を。2023年の世界競馬主要エリアの母の父馬ランキング、そして私の著作ではおなじみとなっている父系図の最新改訂版を掲載しています。

本書を読み終える頃には、曖昧模糊《あいまいもこ》としていた母の父馬の扱いが、スッキリと整理されている……はずです。

では、最後までよろしくおつき合いください。

水上 学

目次

第3章●ディープインパクト、キングカメハメハ…
母父データファイル国内供用種牡馬編

血統ゲッツ！母の父を見よ

装丁●橋元浩明（sowhat.Inc.）　本文DTP●オフィスモコナ　写真●武田明彦

※名称、所属は一部を除いて2024年9月10日時点のものです。

2～4章のデータの集計期間は、2020年1月5日～24年7月21日（平地戦のみ）。

※成績、配当、日程は必ず主催者発行のものと照合してください。

馬券は必ず自己責任において購入お願いいたします。

第1章

競馬の神が与えた「父」とは違う役割

「母父」効果とは何か

まずは「母の父とはなんぞや?」ということから考えてみますが、その前にひとこと。

のっけから言い訳めいていて恐縮なのですが、私は遺伝学の専門家ではないですし、正式に学習したこともありません。知識レベルはせいぜい高校の生物の授業までで、その後はサラブレッドを研究対象にした、学者諸氏の名著を数冊、読んだ程度です。

もちろん、そこで得たものは参考にするつもりですが、私はあくまで「血統をメインファクターとした予想家」。これまで数十年見続けてきたレースと血統の推移がすべての基礎であり、現実の競馬に思い切り寄せた切り口しか見えません。

つまり、実際に結果に表れている(表れていた)現象だけを根拠に推論を述べていくのが基調であることを、ご了承いただきたいと思います。では本題。

「父=母父」ではない! 反証例・1~トニービンの場合

前書きに書いたように、本書作成の最大の動機は「種牡馬の適性は、父のそれと母父のそれとを同じに考えてはいけない」ということ。

そこを理解していただくうえでの最適の例として、少し古くて恐縮ですが、トニービンをサンプルとします。ベテラン競馬ファンには説明の要のない大種牡馬ですが、産駒が絶えて久しいので、ここ数年で競馬を知った方のために簡単に説明しておきましょう。

トニービンはアイルランド産のイタリア調教馬で、現役時はイタリアの大レースのみならず凱旋門賞を制覇。

日本で種牡馬入りすることが決まっていたこともあり、１９８８年ジャパンCに引退レースとして出走。日本への直行便がなかったアリタリア航空が、トニービンのために特別便を飛ばして日本へ送り届けたという逸話も残っています。しかし残念ながらレース中に故障していたこともあり、JCは5着に終わりました。

94年にJRAリーディングサイアーとなりますが、2年遅れて日本で種牡馬入りした怪物サンデーサイレンスと時代がほぼ重なったために、首位を取ったのはこの1回だけでした。

それでも代表産駒には、牡馬ではダービー馬のウイニングチケットやジャングルポケット、秋の天皇賞馬サクラチトセオーにオフサイドトラップなど。牝馬ではオークス、秋の天皇賞を勝ったエアグルーヴを筆頭に、二冠牝馬ベガ、オークス馬レディパステル、マイルCS馬ノースフライトらが居並びます。

父としてこれだけ多くの名馬を輩出したトニービン。母の父としても優秀で、特に父がサンデーサイレンスとの配合ではダービー馬アドマイヤベガ、有馬記念やドバイシーマCを勝ち大種牡馬となったご存知ハーツクライ、春の天皇賞馬ミスキャスト、エリザベス女王杯馬アドマイヤグルーヴ、GⅡ3勝のリンカーンらを出しています。

では、この配合の組み合わせを入れ替えて「父がトニービン、母の父サンデーサイレンス」ではどうでしょうか。

同時代のベストトゥベストの配合ともいえる組み合わせ。もし父としての遺伝力と、母の父としての遺伝力が同じならば、先ほどの父サンデー、母父トニービンと同様に何頭もの活躍馬が出て、種牡馬トニービンの特徴が多くの馬に伝わっているはずです。

しかし現実はというと……これが目を疑うような結果。99年以降では、この配合の馬はJRAではなんとたった10頭しか出走できず、トニービン最後の産駒となったジュラナスリングなど3頭が500万下（現・1勝クラス）を勝ったのが最高で、オープン入りはおろか、準オープンに上がった馬すらゼロだったのです（下の表1、2はその組み合わせの全成績）。

ここまで極端ではありませんが、似たようなケースはサンデーサイレンスとブライアンズタイムの間にも成立しています。つまり、父としての役割と、母の父としての役割には、たとえ組み合わせが同じでも、明らかに違いがあるということを示しています。

なお、サンデー以外の種牡馬の産駒で、トニービンを母の父に持つ名馬としては、ダートの頂点に立ったアドマイヤドン（父ティンバーカントリー）やトランセンド（父ワイルドラッシュ）、種牡馬としても成功したルーラーシップ（父キングカメハメハ）、短距離女王となったカレンチャン（父クロフネ）など、こちらも枚挙に暇がありません。

しかし、これらの例を見てもおわかりのように、ルーラーシップはともかくとして、アドマイヤドンやトランセンド、カレンチャン……と並べてみれば、距離や芝・ダートの適性において、トニービンを反映してはいないことがわかります。

つまり、母の父としてのトニービンが伝えたものは、父トニービンとは違う要素であるということになります。この働きについては、もう少し後で考えてみることにします。

表1●父サンデーサイレンス×母父トニービン全成績

1着	2着	3着	4着以下	勝率	連対率	複勝率
90	71	56	331	16.4%	29.4%	39.6%

表2●父トニービン×母父サンデーサイレンス全成績

1着	2着	3着	4着以下	勝率	連対率	複勝率
16	14	15	132	9.0%	16.9%	25.4%

「父＝母父」ではない！ 反証例・2〜キタサンブラックの場合

よく、血統がアテにならないことの例として挙げられるのが、近年の日本競馬では屈指の名馬となったキタサンブラックです。

父ブラックタイドはディープインパクトの全兄。自身の現役時に2400m以上の距離への出走はなかったものの、ブラックタイド側の血について距離不安を述べる人はいなかったはずです。

しかし2015年、キタサンブラックが皐月賞3着を経て、ダービーに出走したときは「母の父がサクラバクシンオーなので、2400mは心配」という声が少なからず聞かれていました。それもあってか、皐月賞3着馬にしては6番人気という低めの評価。実際、キタサンブラックはダービーで14着に大敗してしまいます。

これにより、キタサンブラックの距離限界説は定まってしまいました。秋はセントライト記念を勝ったものの、0秒1の僅差。トライアルを勝ったので順当に菊花賞へ向かいましたが、ここでは5番人気と、これまたセントライト記念勝ち馬にしては低め。記者の中には無印とした人も少なくはなかったと記憶しています。

しかし菊花賞では、リアルスティールとの接戦を制して勝利。以後、キタサンブラックは芝2400m以上のレースでは【5－1－2－0】とオール3着以内。しかも春の天皇賞連覇という、このうえないステイヤーとしての成績を残しました。

サクラバクシンオーの産駒は、もちろん例外もありますが、大半は芝のマイル以下で活躍した短距離馬たちです。

しかし、母の父に入ったサクラバクシンオーの血は、父ブラックタイドの距離適性の足を引っ張らなかった

●キタサンブラック（鹿毛、母父サクラバクシンオー）**の3代血統表**

<table>
<tr><td rowspan="4">父
ブラックタイド
2001年・黒鹿毛</td><td rowspan="2">サンデーサイレンス
1986年・青鹿毛</td><td>Halo
1969年・黒鹿毛</td></tr>
<tr><td>Wishing Well
1975年・鹿毛</td></tr>
<tr><td rowspan="2">ウインドインハーヘア
1991年・鹿毛</td><td>Alzao
1980年・鹿毛</td></tr>
<tr><td>Burghclere
1977年・鹿毛</td></tr>
<tr><td rowspan="4">母
シュガーハート
2005年・鹿毛</td><td rowspan="2">サクラバクシンオー
1989年・鹿毛</td><td>サクラユタカオー
1982年・栗毛</td></tr>
<tr><td>サクラハゴロモ
1984年・鹿毛</td></tr>
<tr><td rowspan="2">オトメゴコロ
1990年・栗毛</td><td>ジャッジアンジェルーチ
1983年・栗毛</td></tr>
<tr><td>テイズリー
1981年・鹿毛</td></tr>
</table>

アミ部分は牝（母）

キタサンブラック（2012年3月10日～）

生産：ヤナガワ牧場　厩舎：栗東・清水久詞　馬主：大野商事

●現役時の主要成績

・**2015年（3歳）**スプリングS（GⅡ、中山芝1800m）1着、皐月賞（GⅠ、中山芝2000m）3着、セントライト記念（GⅡ、中山芝2200m）1着、菊花賞（GⅠ、京都芝3000m）1着、有馬記念（GⅠ、中山芝2500m）3着

・**2016年（4歳）**大阪杯（GⅡ、阪神芝2000m）2着、天皇賞春（GⅠ、京都芝3200m）1着、宝塚記念（GⅠ、阪神芝2200m）3着、京都大賞典（GⅡ、京都芝2400m）1着、ジャパンC（GⅠ、東京芝2400m）1着、有馬記念（GⅠ、中山芝2500m）2着

・**2017年（5歳）**大阪杯（GⅠ、阪神芝2000m）1着、天皇賞春（GⅠ、京都芝3200m）1着、天皇賞秋（GⅠ、東京芝2000m）1着、ジャパンC（GⅠ、東京芝2400m）3着、有馬記念（GⅠ、中山芝2500m）1着

どころか、むしろそれを上回るレベルの「別の何か」でキタサンブラックに貢献したことになります。

もうひとつ、似た例を挙げてみます。

グローリーヴェイズという馬は、記憶にまだ新しいのではないでしょうか。ディープインパクト産駒で、日経新春杯や京都大賞典を勝ち、天皇賞春で2着。そして香港ヴァーズ（芝２４００ｍ）を二度勝った国際的な中長距離馬でした。

この馬の母の父はスウェプトオーヴァーボード。スプリンターズSを二度勝ったレッドファルクス、函館スプリントSやキーンランドCを勝ち、スプリンターズS２着のパドトロワ、さらにダート中距離の王者として東京大賞典を4回勝つという大偉業を達成したオメガパフュームらが産駒にいる種牡馬。

それ以外の産駒は、もちろんリッジマンのような例外（ステイヤーズS勝ち）はありますが、芝・ダート問わず短距離で勝ち鞍の大半を挙げています。

キタサンブラックの菊花賞ほどではありませんでしたが、グローリーヴェイズにも、天皇賞春出走時は母父スウェプトオーヴァーボードにより、距離を不安視する向きがありました。しかし結果は2着だったわけで、その後も、直線平坦なコースがベターではありましたが、芝２４００ｍ以上で勝ち星を重ねることになります。

この代表例を見ても、「競走馬Ａ」の母父が短距離型種牡馬だからといって、その距離適性が「競走馬Ａ」に受け継がれるものではない（もちろん例外はあるが）と考えていいのではないでしょうか。

これには、２０２４年の春の天皇賞2着、宝塚記念を勝ったブローザホーン（母の父が短距離王デュランダル）という、最新かつ最適の例も加わりましたね。

●グローリーヴェイズ（黒鹿毛、母父スウェプトオーヴァーボード）**の3代血統表**

父 ディープインパクト 2002年・鹿毛	サンデーサイレンス 1986年・青鹿毛	Halo 1969年・黒鹿毛
		Wishing Well 1975年・鹿毛
	ウインドインハーヘア 1991年・鹿毛	Alzao 1980年・鹿毛
		Burghclere 1977年・鹿毛
母 メジロツボネ 2008年・芦毛	スウェプトオーヴァーボード 1997年・芦毛	エンドスウィープ 1991年・鹿毛
		Sheer Ice 1982年・芦毛
	メジロルバート 2003年・鹿毛	メジロライアン 1987年・鹿毛
		メジロラモーヌ 1983年・青鹿毛

アミ部分は牝（母）

グローリーヴェイズ（2015年3月2日～）

生産：レイクヴィラF　厩舎：美浦・尾関知人　馬主：シルクR

●現役時の主要成績

・**2018年（3歳）**きさらぎ賞（GⅢ、京都芝1800ｍ）2着、佐渡S（1600万下、新潟芝2000ｍ）1着

・**2019年（4歳）**日経新春杯（GⅡ、京都芝2400m）1着、天皇賞春（GⅠ、京都芝3200ｍ）2着、香港ヴァーズ（GⅠ、シャティン芝2400m）1着

・**2020年（5歳）**京都大賞典（GⅡ、京都芝2400ｍ）1着

・**2021年（6歳）**クイーンエリザベス2世C（GⅠ、シャティン芝2400ｍ）2着、オールカマー（GⅡ、中山芝2200ｍ）3着、香港ヴァーズ（GⅠ、シャティン芝2400m）1着

・**2022年（7歳）**香港ヴァーズ（GⅠ、シャティン芝2400m）3着

キタサンブラックと「母父の父」サクラユタカオーの類似

1頭の種牡馬が、父として伝えるものと、母の父として伝えるものが違うということがわかったわけですが、では、母の父はどういう役割を果たしているのでしょうか。

もちろん、母の母、そのまた母……と辿る牝系からの遺伝要素も大きなものがあります。しかし、本書の主役はあくまでもブルードメアサイアー、つまり母の父です。ここではあえて「母の父だけ」を見ての推察をすることにします。

まずは、先ほど取り上げたキタサンブラックに再度登場してもらいましょう。

キタサンブラックの血統表（P12）をもう一度ご覧ください。母の父はサクラバクシンオー。JRA史上屈指のスプリンターだった馬です。先ほどは、この距離適性がキタサンブラックに伝わっていないことを示しました。

キタサンブラックは、現役時に500キロ以上の雄大な馬格を誇り、最強時の馬体重は530キロ台に達していた巨漢馬でした。父のブラックタイド、母の父サクラバクシンオーともに、現役時は500キロ前後あり、キタサンほどではないにせよ大柄なタイプ。これだけ見ると、雄大な馬格はどちらから伝わったものか決めかねるところがあります。

しかしキタサンブラックの走りを見れば、一瞬の切れではなく、脚を長く長く使って、トップギアに入ってからの持続力、脚の航続距離の長さで勝負をしていたことに異論はないでしょう。

かなりのオールドファンでないと通じない話になって恐縮ですが、私は何度もキタサンブラックのレース映

●サクラユタカオーの全成績　1982年4月29日～2010年11月23日　12戦6勝　栗毛

年月日	場	レース名	距離(芝)	人気	着順	タイム	馬体重(kg)
1984.12.1	中山	新馬	1800m	2	1	1:50.2	498
1984.12.23	中山	万両賞	1800m	1	1	1:50.8	500
1985.2.10	東京	共同通信杯	1800m	1	1	1:52.7	502
1985.10.20	京都	京都新聞杯	2200m	2	4	2:15.1	520
1985.11.10	京都	菊花賞	3000m	6	4	3:08.6	516
1985.12.1	中山	ダービー卿CT	1600m	1	2	1:34.1	518
1986.3.30	阪神	大阪杯	2000m	3	1	2:01.6	520
1986.4.29	京都	天皇賞春	3200m	2	14	3:27.8	522
1986.10.5	東京	毎日王冠	1800m	4	1	1:46.0	524
1986.10.26	東京	天皇賞秋	2000m	2	1	1:58.3	528
1986.11.23	東京	ジャパンC	2400m	1	6	2:25.6	530
1986.12.21	中山	有馬記念	2500m	3	6	2:34.5	534

アミ部分はレコード勝利

像を見返して気がついたことがあるのです。

大きな馬体がリズミカルに加速し、それが衰えないフォーム……そうか、サクラユタカオーそっくりじゃないか！

サクラバクシンオーの父サクラユタカオー。昭和60年前後に活躍した中距離の名馬で、毎日王冠と秋の天皇賞をともにレコードで連勝、当時GⅡだった大阪杯も勝っています。

充実期の馬体重は520～534キロ。ゴムマリが低く弾むように走り、一定のスピードが延々と続くイメージでした。言葉では伝わりづらいと思うので、もし映像を見られるなら、ぜひご覧いただきたいのですが、毛色が違うくらいで、あとは本当にキタサンブラックに似ているのです。

代表産駒のサクラバクシンオーにもその走り方は伝わっているのですが、一代を経て、キタサンブラックでより明確に再現されたと、私は確信しています。

母の父が伝えるもの～キタサンブラック産駒の場合

そのキタサンブラックが送り出した代表産駒といえば、現状、イクイノックス、ガイアフォース、ソールオリエンスであることに異論はないでしょう（こうみると牝馬産駒が薄いですね）。

この3頭を比較してみることでも、母の父の役割がよくわかると思います。

イクイノックスの母の父はキングヘイローです。その父は20世紀の欧州最強クラスの名馬とうたわれたダンシングブレーヴ、母は北米で一時代を築いた名牝グッバイヘイロー。

この世界的配合で生まれたキングヘイローは、現役時には当然ながら将来を嘱望され、１９８８年春のクラシックシーズンではスペシャルウィーク、セイウンスカイとともに3強を形成しました。

皐月賞こそ2着でしたが、ダービーでは折り合いを欠いてしまい、逃げて14着と大敗。菊花賞も5着に終わり、タイトルを取れずに終わります。結局、その後は次第にマイル以下に特化していき、唯一獲得したＧＩは高松宮記念という、デビュー当初にはとても想像できなかった競走生活を送りました。

しかし、イクイノックスを見れば、キングヘイローの世界トップレベルの配合のスケールは、おそらく母を経て伝わったのだと素直に見ることができます。

もちろんキタサンブラックからの能力遺伝もありますが、コース不問、かつ中距離スピード対応も卓越していて、海外の大舞台でも完勝したというイクイノックスの戦績は、キタサンブラックとは質が異なり、本来はキングヘイローが為すべきものだったともいえます。

続いて**ガイアフォース**です。２０２４年夏現在、重賞勝ちはセントライト記念だけですが、この馬の白眉は5着に負けたとはいえ23年秋の天皇賞、そして24年のフェブラリーSではないでしょうか。

●イクイノックス（青鹿毛、母父キングヘイロー）の3代血統表

<table>
<tr><td rowspan="4">父
キタサンブラック
2012 年・鹿毛</td><td rowspan="2">ブラックタイド
2001 年・黒鹿毛</td><td>サンデーサイレンス
1986 年・青鹿毛</td></tr>
<tr><td>ウインドインハーヘア
1991 年・鹿毛</td></tr>
<tr><td rowspan="2">シュガーハート
2005 年・鹿毛</td><td>サクラバクシンオー
1989 年・鹿毛</td></tr>
<tr><td>オトメゴコロ
1990 年・栗毛</td></tr>
<tr><td rowspan="4">母
シャトーブランシュ
2010 年・鹿毛</td><td rowspan="2">キングヘイロー
1995 年・鹿毛</td><td>ダンシングブレーヴ
1983 年・鹿毛</td></tr>
<tr><td>グッバイヘイロー
1985 年・栗毛</td></tr>
<tr><td rowspan="2">ブランシェリー
1998 年・鹿毛</td><td>トニービン
1983 年・鹿毛</td></tr>
<tr><td>メゾンブランシュ
1989 年・鹿毛</td></tr>
</table>

アミ部分は牝（母）

イクイノックス（2019 年3月 23 日～）

生産：ノーザンF　厩舎：美浦・木村哲也　馬主：シルクR

●現役時の主要成績

・**2021 年（2歳）**東京スポーツ杯2歳S（GⅡ、東京芝 1800 m）1着

・**2022 年（3歳）**皐月賞（GⅠ、中山芝 2000m）2着、ダービー（GⅠ、東京芝 2400 m）2着、天皇賞秋（GⅠ、東京芝 2000m）1着、有馬記念（GⅠ、芝 2500 m）1着

・**2023 年（4歳）**ドバイシーマC（GⅠ、メイダン芝 2410 m）1着、宝塚記念（GⅠ、阪神芝 2200 m）1着、天皇賞秋（GⅠ、東京芝 2000 m）1着、ジャパンC（GⅠ、東京芝 2400 m）1着

●ガイアフォース（芦毛、母父クロフネ）の3代血統表

父 キタサンブラック 2012 年・鹿毛	ブラックタイド 2001 年・黒鹿毛	サンデーサイレンス 1986 年・青鹿毛
		ウインドインハーヘア 1991 年・鹿毛
	シュガーハート 2005 年・鹿毛	サクラバクシンオー 1989 年・鹿毛
		オトメゴコロ 1990 年・栗毛
母 ナターレ 2008 年・芦毛	クロフネ 1998 年・芦毛	フレンチデピュティ 1992 年・栗毛
		ブルーアヴェニュー 1990 年・芦毛
	ロージーチャーム 2001 年・鹿毛	ダンスインザダーク 1993 年・鹿毛
		クリスマスローズ 1990 年・栗毛

アミ部分は牝（母）

●ソールオリエンス（鹿毛、母父Motivator）の3代血統表

父 キタサンブラック 2012 年・鹿毛	ブラックタイド 2001 年・黒鹿毛	サンデーサイレンス 1986 年・青鹿毛
		ウインドインハーヘア 1991 年・鹿毛
	シュガーハート 2005 年・鹿毛	サクラバクシンオー 1989 年・鹿毛
		オトメゴコロ 1990 年・栗毛
母 スキア 2007 年・鹿毛	Motivator 2002 年・芦毛	モンジュー 1996 年・鹿毛
		Out West 1994 年・黒鹿毛
	Light Quest 2000 年・鹿毛	Quest for Fame 1987 年・鹿毛
		Gleam of Light 1991 年・鹿毛

アミ部分は牝（母）

秋の天皇賞は3F目から最後の1Fまで、すべて11秒5～11秒7の範囲のラップが続くという、近年稀に見る極限レベルのスピード持続力勝負になりました。

レースを牽引したジャックドールは、序盤こそ単騎大逃げに持ち込みそうでしたが、ガイアフォースはこれをすぐに追いかけてついていき、息を入れさせずに番手に張り付きます。直線まもなくジャックドールが失速する中を、いったんは堂々と抜け出しかけました。

結局、ラスト1Fでイクイノックスの異次元の加速力に交わされて失速し、他馬に差し込まれての5着となりましたが、1分55秒2という大レコードの原因は、この馬の立ち回りにあると思っています。

今度はフェブラリーSを見てみましょう。こちらは前半3F33秒9、上がり3F37秒8という超前傾ラップとなり、初ダートだったガイアフォースは好位の後ろから差し込んで、勝ったペプチドナイルから0秒2差の2着となりました。

これら2つのレースで見せたガイアフォースの走りは、こじつけではなく、まさに母の父クロフネと重なるものです。

クロフネの現役時を見た方ならすぐわかると思いますが、芝では瞬発力ではなく、早めに動いてスピードを加速していき、直線ラスト2Fをトップギアで乗り切るという、持続力勝負に優れていた馬。

さらに、初ダートの武蔵野Sを圧勝した後に、ジャパンCダート（当時は東京ダ2100m）でもぶっちぎるという離れ業を演じました。

芝・ダートの二刀流でかつ初ダートを克服、加えてハイラップの加速勝負向きという走りの指向性は、まさにクロフネです。

そして**ソールオリエンス**。道悪の皐月賞を勝った後はスランプ気味でしたが、24年の宝塚記念、やはり道悪で2着と好走し復活しました。

こちらは母の父がサドラーズウェルズ系のモティヴェイター。タイトルホルダーの母の父としてもおなじみです。

モティヴェイターの系統は実に芝の道悪に強い。キタサンブラックも道悪得意だったので、一概に母の父だけに道悪適性を求めることはできませんが、タイトルホルダーにも通じる強い持続力（反面切れないわけですが）は、モティヴェイター譲りと思われます。

イクイノックスやガイアフォースを見れば、同じキタサンブラック産駒でも、母の父の指向性が違えばスピード馬も出るわけなので、真逆に出たソールオリエンスは、母の父の特徴が出ていると推察できます。

母の父が伝えるもの～ハーツクライ産駒の場合

最後に、ハーツクライ産駒たちを例に取ってみます。ハーツクライは、実にわかりやすい形で、母の父についての概念を提供してくれる種牡馬でした。

ハーツクライの父サンデーサイレンスについては説明の要はないでしょう。日本の競馬を変えたスーパー種牡馬でした。

ハーツクライの母の父は先述の凱旋門賞馬トニービン。その父系は芝系統のグレイソヴリン系です。そしてトニービンの母の父は、芝の超スタミナ血統ホーンビーム。平成初期の名ステイヤー・スーパークリークの母

●ハーツクライ（鹿毛、母父トニービン）**の3代血統表**

父 サンデーサイレンス 1986年・青鹿毛	Halo 1969年・黒鹿毛	Hail to Reason 1958年・黒鹿毛
		Cosmah 1953年・鹿毛
	Wishing Well 1975年・鹿毛	Understanding 1963年・栗毛
		Mountain Flower 1964年・鹿毛
母 アイリッシュダンス 1990年・鹿毛	トニービン 1983年・鹿毛	カンパラ 1976年・黒鹿毛
		Severn Bridge 1965年・栗毛
	ビューパーダンス 1983年・黒鹿毛	Lyphard 1969年・鹿毛
		My Bupers 1967年・黒鹿毛

アミ部分は牝（母）

ハーツクライ（2001年4月15日～23年3月9日）

生産：社台F　厩舎：栗東・橋口弘次郎　馬主：社台RH

●現役時の主要成績

・**2004年（3歳）**若葉S（OP、阪神芝2000m）1着、京都新聞杯（GⅡ、京都芝2200m）1着、ダービー（GⅠ、東京芝2400m）2着、神戸新聞杯（GⅡ、阪神芝2000m）3着

・**2005年（4歳）**大阪杯（GⅡ、阪神芝2000m）2着、宝塚記念（GⅠ、阪神芝2200m）2着、ジャパンC（GⅠ、東京芝2400m）2着、有馬記念（GⅠ、中山芝2500m）1着

・**2006年（5歳）**ドバイシーマC（GⅠ、ナドアルシバ芝2400m）1着、キングジョージ6世＆クイーンエリザベスDS（GⅠ、英・アスコット芝2400m）3着

の父系でもある欧州血統です。

さらにトニービンの母の母ビューパーダンスは、これも欧州の至宝であるリファールの産駒。ただし、ビューパーダンスの母は、北米の傍流血統同士の配合となっています。

とはいえ、父サンデーサイレンスは別格として、ハーツクライは基本的には欧州のスタミナ血統で固めた血といえるでしょう。現に現役時は、まさにそれを反映した競走生活でした。

では、このハーツクライの種牡馬としての内容を見てみます。

現役（2024年7月時点）の代表産駒はドウデュースであることに異論はないでしょう。このドウデュースの血統は、ハーツクライ産駒における母の父の働きを顕著に示しています。

母の父ヴィンディケイションはボールドルーラー直系で、北米三冠馬シアトルスルーの産駒です。ヴィンディケイションの母の父は、オセアニアの歴史的名馬の芝馬ストロベリーロードですが、母の父としての特性はダート中距離となります。そして母の母は、ミスタープロスペクター系ゴーンウエストの系統で、もちろん芝もこなす系統ですが、ミスプロ系ですから基本的には北米ダート系統です。

ダート血統というと、なんとなくパワーというイメージを持たれるかもしれませんが、ダート競馬で強いということは、もちろんパワーも必要ではありますが、走りのパターンとしては「一定のペースを守り続ける持続力」に優れているということです。ダート中距離競馬は、1Fごとのラップ推移は緩やかなものになりがちだからです。

この能力が、母の父ヴィンディケイションからドウデュースに伝わったと推測することは、ドウデュースの

●ドウデュース（鹿毛、母父Vindication）**の3代血統表**

<table>
<tr><td rowspan="4">父
ハーツクライ
2001年・鹿毛</td><td rowspan="2">サンデーサイレンス
1986年・青鹿毛</td><td>Halo
1969年・黒鹿毛</td></tr>
<tr><td>Wishing Well
1975年・鹿毛</td></tr>
<tr><td rowspan="2">アイリッシュダンス
1990年・鹿毛</td><td>トニービン
1983年・鹿毛</td></tr>
<tr><td>ビューパーダンス
1983年・黒鹿毛</td></tr>
<tr><td rowspan="4">母
ダストアンドダイヤモンズ
2008年・鹿毛</td><td rowspan="2">Vindication
2000年・黒鹿毛</td><td>Seattle Slew
1974年・黒鹿毛</td></tr>
<tr><td>Strawberry Reason
1992年・黒鹿毛</td></tr>
<tr><td rowspan="2">Majestically
2002年・黒鹿毛</td><td>Gone West
1984年・鹿毛</td></tr>
<tr><td>Darling Dame
1989年・鹿毛</td></tr>
</table>

アミ部分は牝（母）

ドウデュース（2019年5月7日～）

生産：ノーザンF　厩舎：栗東・友道康夫　馬主：キーファーズ

●主要成績（2024年8月末時点）

・**2021年（2歳）** アイビーS（OP、東京芝1800m）1着、朝日杯FS（GⅠ、阪神芝1600m）1着

・**2022年（3歳）** 弥生賞（GⅡ、中山芝2000m）2着、皐月賞（GⅠ、中山芝2000m）3着、ダービー（GⅠ、東京芝2400m）1着

・**2023年（4歳）** 京都記念（GⅡ、阪神芝2200m）1着、有馬記念（GⅠ、中山芝2500m）1着

競走成績、競走内容から納得できると思います。

スピードを活かせる高速馬場に強く、直線の長いコースではダービーのように徐々に加速し、ゴール前にトップギアに入って交わし切る。直線が短いコースなら、有馬記念のように早くから動いて脚を使い切る。父ハーツクライの血には薄い、スピード対応能力を補強しているわけです。

ハーツクライ産駒の芝での活躍馬を、母の父で分類してみました（次ページの表3）。

この例を見ると、芝での出世馬は圧倒的に母の父がダート血統、あるいは兼用の馬が多い。軽い芝、広い東京でこそというタイプも多いです。

対して母の父の芝適性が強い馬は、スタミナやパワーに寄り、スピードタイプがほとんどいません。例外はサリオスくらい。

では先ほどのキタサンブラック産駒、そしてこのハーツクライ産駒を見ていえること。

もうお気づきの方もいるかもしれませんが、母の父は、距離適性や芝ダート適性などの直截的な見えやすい事象よりも**「脚の使い方」を決める・「走りの型や指向性を決める」**という、競走馬のベクトルを司るような役割を担っているのではないかと私は考えています。

母の父がダート血統なら、脚の持続力を強めてスピードを強化する。

これはハーツクライ産駒のみならず、例えばシンボリクリスエスにおける母父ゴールドメリディアン（ボールドルーラー系）、ゼンノロブロイにおける母父マイニング（ミスプロ系）、ジェニュインにおける母父ワットラック（ボールドルーラー系）、ディープインパクト産駒におけるダノンバラードの母父アンブライドルド（ミ

表3●ハーツクライ【芝】活躍産駒（母の父「ダート濃厚」種牡馬）

馬名	母の父	主要成績
ジャスタウェイ	ワイルドアゲイン	天皇賞秋、安田記念他
スワーヴリチャード	アンブライドルズソング	ジャパンC、大阪杯。 ダービー2着
ドウデュース	ヴィンディケイション	ダービー、有馬記念
ウインバリアシオン	ストームバード	日経賞、青葉賞他。 ダービー2着、菊花賞2着
カレンミロティック	エーピーインディ	金鯱賞。 天皇賞春2着、宝塚記念2着
ヒシイグアス	バーンスタイン	中山記念。宝塚記念2着
ダノンベルーガ	ティズウェイ	共同通信杯。 ドバイターフ2着
マイスタイル	フォーティナイナー	函館記念
ハーパー	ジャンプスタート	クイーンC。オークス2着
ゴーフォザサミット	ストームキャット	青葉賞

●同（母の父「芝・ダート兼用型」種牡馬）

馬名	母の父	主要成績
シュヴァルグラン	マキャヴェリアン	ジャパンC他。 天皇賞春2着、ドバイSC2着
ワンアンドオンリー	タイキシャトル	ダービー他。皐月賞2着

●同（母の父「芝濃厚」種牡馬）

馬名	母の父	主要成績
リスグラシュー	アメリカンポスト	有馬記念、宝塚記念、 エリザベス女王杯他
サリオス	ロミタス	朝日杯FS、毎日王冠他。 ダービー2着
ヌーヴォレコルト	スピニングワールド	オークス
フェイムゲーム	アレミロード	ダイヤモンドS他。 天皇賞春2着
アドマイヤラクティ	エリシオ	ダイヤモンドS

スプロ系）、同リアルインパクトの母父メドウレイク（セントサイモン系の北米ダート傍流）、同シャフリヤールやアルアインの母父エッセンスオブドバイ（ボールドルーラー系）など枚挙に暇がありません。いずれもきれいな芝で長く脚を使うのが持ち味でした。

母の父が影響を与えているのは心肺機能なのか、筋肉の質なのか、あるいはメンタルなのかはわかりません。そこは生物学や遺伝学の領分だと思いますし、私が偉そうに分析できるわけではありませんが、こと競馬において、母の父をどう扱えばいいのかの指針にはなり得ると思っています。

さて、このあとは特殊な例……というには、あまりに大きな影響力を持っている種牡馬における、母の父の扱いを考えていくことにします。

大種牡馬サンデーサイレンスは自分を隠す？

日本競馬をステップアップさせた、いや「ステップアップ」などというレベルでは済まないくらい、飛躍的に向上させたのは、サンデーサイレンスという種牡馬であることは間違いないでしょう。

私が「競馬予想ＴＶ！」に出始めたのは、サンデーサイレンスの代表産駒の1頭であるダンスインザダークが菊花賞を勝つ直前、１９９６年初秋のことでした。当時はまだ世代数が薄かったサンデー産駒について、私は「サンデー産駒は母父を見よ」という仮説をしきりに唱えていたものです。

手前味噌になってしまい恐縮ですが、これはまだ私以外、誰も指摘していなかったこと。仮説ではあるものの、かなり的を射ていたのではないかと今でも自負しています。

その後、サンデーサイレンスは、種牡馬としても大成功する産駒を多数輩出し、日本競馬に今なお大きな影響を及ぼし続けているわけですが、そのサンデーサイレンス産駒を、母の父系で分類したのが左の表4です。

もちろん、すべての産駒を網羅したわけではありませんし、これ以外の母父の組み合わせからも多数の名馬が出ています。あくまで、私の仮説を説明する上での好サンプルを並べました。この表を、順を追って解説していきましょう。


表4●サンデーサイレンス産駒の母父系分類（一部）

ニジンスキー系
ダンスパートナー　（母父ニジンスキー）
ダンスインザダーク（母父ニジンスキー）
ダンスインザムード（母父ニジンスキー）
スペシャルウィーク（母父マルゼンスキー）
サクラプレジデント（母父マルゼンスキー）
ボールドルーラー系
ジェニュイン　　（母父ワットラック）
アグネスタキオン　（母父ロイヤルスキー）
アグネスフライト　（母父ロイヤルスキー）
エアシャカール　　（母父ウエルデコレイティド）
マツリダゴッホ　　（母父ベルボライド）
グレイソヴリン系
タヤスツヨシ　　（母父カロ）
アドマイヤベガ　　（母父トニービン）
ハーツクライ　　（母父トニービン）
リンカーン　　　（母父トニービン）
アドマイヤグルーヴ（母父トニービン）
ヌレイエフ系
ゴールドアリュール（母父ヌレイエフ）
トゥザヴィクトリー（母父ヌレイエフ）
サイレントディール（母父ヌレイエフ）
フサイチパンドラ（母父ヌレイエフ）
リファール系
バブルガムフェロー（母父リファール）
ディープインパクト（母父アルザオ）
ミスプロ系
サイレンススズカ（母父ミスワキ）
ゼンノロブロイ　　（母父マイニング）
ダンチヒ系
ビリーヴ　　　　（母父ダンチヒ）
ファイントップ系
ステイゴールド　（母父ディクタス）

母の父ニジンスキー系はダンスパートナー、ダンスインザダーク、ダンスインザムードの全きょうだい3頭が中心となります。

ダンスパートナーはオークスを勝ってフランス遠征し、菊花賞でも1番人気になったほど（5着）。帰国しての検疫明けローテが牝馬の身には響いており、もし国内で通常過程を踏んでの臨戦だったらどうだったかは空想の領分となりますが……。のちに弟のダンスインザダークが、菊花賞を制して姉のリベンジを成し遂げることになります。

ダンスインザムードはオークスでは4着に終わり人気を裏切りましたが、当時はフケ（発情）が来ていたことが後日明かされていました。

その後は2000mを超える距離を一度も使われなかったので、距離が本当にもたなかったかどうかは定かではありません。ただ気性面がデリケートで、その分、折り合い面の問題から使わなかったという見解が出ています。

似たようなことは、ニジンスキーの子・マルゼンスキーを母の父に持つスペシャルウィークとサクラプレジデントにもいえます。

スペシャルウィークは2400m以上を得意とし、3200mでも強さを発揮した中長距離馬。

サクラプレジデントは反対に、2400m以上では苦戦し、2000m以下に好走歴が集中していましたが、古馬になってからは2戦しかできず、早熟だったのかもしれません。ただ、こちらもダンスインザムードと同じく、道中の折り合い面により長いところが合わなかったともいわれています。

サンデー×ニジンスキー系は、基本的に中長距離適性が高い。ただし気性面に問題のある馬も出易いという傾向があるようですが、とはいえ気性難があっても大物産駒になった点をみれば、相性の良さ（ニックス）はいうまでもないでしょう。

サンデー×ボールドルーラー系は、アグネスフライト・アグネスタキオンの全兄弟が代表格。

兄フライトはダービーを勝ちましたが、それ以降は芝2200m以上の距離で【0－1－0－5】で、距離の壁を見せていました。弟タキオンは皐月賞を勝って故障引退。母の父はロイヤルスキーで、芝・ダート不問のスピード血統です。

また血統表でこの配合を見ると、大半の馬は中山をより得意とし、よりハイパフォーマンスを発揮できる場としていたことが特徴です。

東京が苦手というわけではないですが、長い直線では切れがやや甘くなり、小回り急坂のほうが勝ち切れる。これは、実は父がボールドルーラー系の馬たちの特徴でもあります。

このリストでは、アグネスフライトだけが中山で勝ち鞍がなく、2走してともに大敗でしたが、その2走は1年半ぶりの休み明けと、その次走、相手が大幅強化のジャパンC（該当年は中山施行）だったので、さすがに度外視していいでしょう。まともな状態で中山を使っていたら、どうだったか。

サンデー×グレイソヴリン系は当然、先述のトニービンとの組み合わせが代表格です。

リンカーン以外は、逆に東京でのパフォーマンスのほうが高かった。そしてパワー型でスタミナ豊富となります。

距離2200から2400mがベストで、ゴール前に急坂のない長い直線がベター、いかにもトニービン産駒の特徴とシンクロするものでした。

サンデー×ヌレイエフ系は、フサイチパンドラ（アーモンドアイの母としても知られます）以外は、ダートとの二刀流を成功させていたという共通点があります。

父ヌレイエフ系が得てして、重賞レベルとまではいかなくても、芝・ダート兼用のケースが目立ち、これを反映していると推測します。

なおフサイチパンドラは現役時、ダートは1走だけして大敗しましたが、札幌記念を勝ってから中1週でのエルムSという、今では信じられない臨戦過程でのもので、適性以前の問題だったかもしれません。今なら意外とフェブラリーSあたりで、あるいは……？

サンデー×リファール系はディープインパクト（当然、全兄はブラックタイドです）と、バブルガムフェローの2頭が競走馬としての代表格でした。

この2頭を比べても共通点は見当たらないのですが、ディープの場合はなんといっても偉大なる母ウインドインハーヘアの影響が強すぎたことは間違いない。

ウインドインハーヘアは仔馬時代に危篤から生還したり、5歳時、放牧中に妊娠しながら現役復帰し、当時のドイツ最強モンズンを倒してアラルポカル（現バイエルン大賞、日本における宝塚記念の位置付けのGⅠ）

に勝つという、とんでもない偉業を達成したりと、異常な生命力を見せた女傑でした。
バブルガムフェローは、リファールとは毛色こそ違え、柔らかくて丸みを感じさせる馬体がリファールに似ていて、私見ですが馬体も走りのタイプも、3歳春までのキングヘイロー（リファール系の象徴ダンシングブレーヴの産駒）に似たものがありました。

サンデー×ミスプロ系は意外と大成功例が少なく、このリストに牝馬のフサイチエアデールが加わるくらい。実績面でもスケールでも突出しているサイレンススズカは、父サンデーサイレンスの狂気がそのまま乗り移ったかのような馬で、爆発力と気の悪さは紛れもなくサンデーのコピー？　その走りと同じく、あくまで例外的な産駒だと思います。
かたやゼンノロブロイは、スムーズに加速して徐々にトップに入れていくという、持続力の権化のような馬でした。母の父がダート血統の馬によく見られる走法で、サンデー×ミスプロの理想的モデルだと思います。

サンデー×ダンチヒ系も大出世例が少なく、ＧＩ制覇は牝馬の短距離馬ビリーヴくらい。ビリーヴはダンチヒの最大の売りであるスピードを極めました。もしかするとサンデー自身の要素が、最も薄まる配合なのかもしれません。

そして出世例はひとつしかないのですが、母の父ファイントップ系ディクタスのステイゴールドには触れておかないといけません。

ディクタスの血を引くと馬体が小さく出て、それでいて貧相さは微塵もなく、小さなゴムマリのような走りになります。しかも気性が父サンデー同様とても激しく、距離適性は中長距離に寄っていく。これはステイゴールドそのままです。

ディクタスの代表産駒にはサッカーボーイがいるのですが、これもまさに今述べたような激しさ、爆発力を見せた未完の大器で、小柄な馬体でした。

ことほど左様に、種牡馬サンデーサイレンスは、産駒の距離適性や走りの個性について、いくつかの例外はありましたが自己主張せずに、母方（特に母の父）の長所を活かしていました。

自己主張してしまうと、大半の産駒が自身と似たタイプになってしまいますが、母の特徴を活かせば産駒を多様化させることになるので、多くのフィールドで活躍できる子孫を残す、そして枝を広げて系統を残すという意味で絶大な効果があります。

サンデーサイレンスほどではないですが、種牡馬ディープインパクトをはじめ、成功している種牡馬に大なり小なり見られる現象なのです。

裏を返すと、母の父の長所が、前述の「走りの指向性やベクトル」にとどまらず、さらに多くの部分で、かつ強く発揮されているともいえるわけです。

サンデーサイレンスは母、特に母の父の良さを引き出す大種牡馬だったのです。

ロードカナロア産駒の距離適性って？

２０２３年のＪＲＡリーディングサイアー部門は、１位がドゥラメンテ、２位がロードカナロアでした。キングカメハメハ産駒種牡馬のワンツーだったわけですが、ドゥラメンテが早世してしまったために、今後しばらくはまたキングカメハメハのラインはロードカナロアが支え、少し離れてルーラーシップが追う……ということになっていきそうです。

そのロードカナロアは、すでに歴史的名馬アーモンドアイを出してはいるものの、いまだに現役時のイメージから「カナロア産駒だから距離が……」といわれることが多いです。

もちろん、ファストフォースのように短距離に特化した産駒もたくさんいますが、改めて産駒を見直していくと、ロードカナロア産駒の距離適性は、明らかに母の父を反映していることがわかります（左の表５）。つまり「カナロア産駒だから短距離向き」と単純にいい切れるものではありません。

アーモンドアイは母の父が先ほどのサンデーサイレンス。マイルから２４００ｍまでほぼ距離万能だったのは、汎用性の高い父を思えば納得できるところです。

なお、意外とロードカナロア×母父サンデーサイレンスの成功例は少なく、他には１４００ｍのスペシャリストだったダイアトニックが加わる程度。この馬については、兄たちがやはり１４００ｍベストだったので、母の父というより牝系の影響が強く出たと思います。

ロードカナロアに短距離馬のイメージがあるから、そのスピードを損なってしまうと考える生産者が多かっ

表5●主なロードカナロア産駒の母父別距離適性（芝のみ）

現役時の脚質	馬名	主な勝ち鞍	母の父
万能型	アーモンドアイ	ジャパンC、牝馬三冠、ヴィクトリアM	サンデーサイレンス
		天皇賞秋、ドバイターフ	
長距離型	キングオブコージ	目黒記念、AJCC	ガリレオ
中距離型	サートゥルナーリア	皐月賞、ホープフルS（有馬記念2着）	スペシャルウィーク
	パンサラッサ	ドバイターフ、中山記念（天皇賞秋2着）	モンジュー
	ブレイディヴェーグ	エリザベス女王杯	ディープインパクト
	ベラジオオペラ	大阪杯	ハービンジャー
マイル型	ダノンスコーピオン	NHKマイルC	スライゴーベイ
	ステルヴィオ	マイルCS	ファルブラヴ
短距離型	ダノンスマッシュ	高松宮記念、香港スプリント	ハードスパン
	ファストフォース	高松宮記念	サクラバクシンオー
	サトノレーヴ	函館スプリントS	サクラバクシンオー

たのか、母の父にゴリゴリの長距離血統を配合した例が、そもそも少ないのです。

母の父ガリレオのキングオブコージが数少ない出世例。さすがに、父がカナロアなので3000m級とまではいきませんでしたが、2200mと2500mの重賞を制しました。

中距離型の代表馬に目を移すと、母の父スペシャルウィークのサートゥルナーリアが代表格。本来もっと長い距離もこなせたように思えますが、気性難があってダービーでは今ひとつでした。

ベストは2000m前後でしたが、カナロア産駒ながらマイルで勝ち負けできそうなスピードを持ち合わせていなかったあたりは、いかにもスペシャルウィーク的。4歳年末のラストラン、有馬記念で2着に入れたあたりを見ると、もう少し長く現役を続けていたら、気性面もさらに落ち着いて、2400m前後でもっと活躍できたのかもしれません。

パンサラッサにも似たことがいえます。とにかく暴走気味で逃げないと結果が出ないという厄介なメンタルになったために、長い距離を使えませんでしたが、母の血がスタミナに特化していたために、オーバーペースで飛ばしてもゴールまでバテなかったともいえるわけです。

ミッキークィーンを伯母に持つブレイディヴェーグ、ハービンジャーを母の父に持つベラジオオペラについては、解説の要はないでしょう。他に、現役馬では母の父マンハッタンカフェのクロミナンスも然りです。

また短距離型のダノンスマッシュやファストフォース、サトノレーヴについては、まともに母父の距離適性が出ているので、これも直解できると思います。


一方、ちょっとわからないのがロードカナロア産駒のマイラーたちです。

ダノンスコーピオンの母の父スライゴーベイは、サドラーズウェルズ系の傍流ながら北米の中距離型ダート血統で、芝のマイルで切れるような血ではありません。

しかし、ダノンスコーピオンの全兄弟はＪＲＡで２勝しているダノンキラウェア、１勝馬のダノンバビルといますが、ともに芝マイルか１８００ｍで勝ち鞍を挙げているのです。

同じことはステルヴィオにもいえます。母の父ファルブラヴは、現役時に中山施行のジャパンＣを制したことで知られますが、種牡馬としては平凡。ブルードメアサイアーとしては他にハープスターを出したものの、総合的に成績を見ると水準以下でした。

単に母の父だけを見ても、マイルＧＩで勝ち負けできるほどの距離適性を有する馬と判断することはできません。

ただし、こちらも全妹ステルナティーアがサウジアラビアＲＣ２着、同じく全妹ウンブライルがＮＨＫマイルＣ２着のマイル実績を考えると、突発的にステルヴィオがマイラーに出たわけではなく、ダノンスコーピオン同様、牝系由来と考えるのが妥当です。

2例だけとはいえ、ここから推測すると、ロードカナロア産駒の芝マイル適性は、単に母方の距離適性というよりも、父と母の遺伝子の組み合わせの相性により発揮されるものなのかもしれません。

もちろん、アーモンドアイはマイルGIでも強かったのですが、2000m以上の安定度に比べると、まだ隙《すき》がありました。絶対能力でマイルをこなしていたと私は判断しており、マイラーという括りはふさわしくないと考えています。

いずれにせよ、多少の例外はあっても、ロードカナロア産駒の距離適性は母の血をかなり反映することが分かります。先ほどは、母の父を見て距離適性を判断することは間違いとしましたが、このように特殊な種牡馬も存在するということは、頭に置いておきたいところです。

ただ、ロードカナロアくらいハッキリ出る例はとても珍しいので、そういう種牡馬かどうかは、1頭の種牡馬を定点観測する中で気づいていくしかありません。

これが御三家、母の父馬の殿堂

母を活かす名種牡馬の対極……というか、父に関係なく「この種牡馬が母の父なら、無条件に評価すべき」という存在もいます。つまり、母の父としての遺伝力、主張がとても強い種牡馬です。

ブルードメアサイアーの殿堂があれば、問答無用で入っているべきBMSとして、アファームド、ブラッシンググルーム、そしてマキャヴェリアンという3頭の外国繋養種牡馬を挙げておきます。

アファームドは1978年の北米三冠馬。この年には、1歳年上の三冠馬シアトルスルーと対戦、これは北米競馬史上初の三冠対決として社会的事件となりましたが、2着に敗れました。また翌年には、当時の獲得賞金世界レコードを更新しています。

ところが、種牡馬としても大成功……とはいかないのが難しいところ。もちろん水準以上の成績は残していて、カナダの三冠馬とか、北米のGI馬、アイルランドのGI馬なども出してはいるのですが、これだけの歴史的名馬としては、肝心の北米の牡馬三冠レースの勝ち馬を1頭も出せなかったのは物足りない結果といえます。

しかし、母の父としてはバランシーン（英オークス、ダービー）やプレザントリーパーフェクト（BCクラシック）、ハーランズホリデイ、リンビッドなど、世界各国で大レース勝ち馬を続々輩出。

特に2000年前後の中央競馬において、数少ないBMSとして送り込んだ馬たちの活躍ぶりは特筆ものでした。ナリタトップロードとメイショウドトウは3強（もう1頭はテイエムオペラオー）を形成したうちの2頭であり、何度も激突しているので、母父アファームドをより鮮烈に印象づけたものです。

ブラッシンググルームは、フランスで競走生活を送った馬です。2歳GIを4勝する大記録をつくり、仏2000ギニーも勝ちましたがその後は失速。マイル以下の早熟型でした。

しかし、種牡馬としては対照的な成績を残し、母方の良いところに応じて変わるカメレオン種牡馬として大成功。英ダービー、英2000ギニーのナシュワン、凱旋門賞のレインボウクエスト、仏2000ギニーのブラッシンググジョン、北米最優秀牝馬となったスカイビューティ、ファンタスティックライトの父として知られるラーイなど、距離も芝・ダートも問わずに名馬を出しました。

母の父としてはさらにグレードアップ。何といっても英三冠と凱旋門賞のラムタラ、英ダービーのナシュワン、英愛ダービーのカヤージを出し、さらに凱旋門賞馬レインボウクエスト、BCクラシックのオーサムアゲイン、欧州最強牝馬のゴルディコヴァなど、こちらはアファームド以上に歴史的名馬を出しています。日本での該当馬も超豪華で、次ページの表6の通りです。

さらに優秀なのは、「母父の父」としてアスクビクターモア、コスモサンビーム、バンブーエールを出したこと。まさにキングオブBMSともいえる存在でした。

マキャヴェリアンの現役時は、ブラッシンググルームとかなり似ています。GIは2歳時の2勝のみで短距離色が強く、3歳以降は地味になってしまった早熟型。

それでいながら種牡馬としてクラシック級を輩出した点も、ブラッシンググルームと同じです。産駒にはアルムタワケル（ドバイワールドC）、ストリートクライ（ドバイワールドC）、メディシアン（エクリプスS）、ウエストウインド（仏オークス）など。日本へは福島記念などを勝ち高齢まで活躍したグラスボンバーが入っています。

母の父としての凄さ、それも日本での凄さは表6をご覧の通り。他にはノーザンリバーやランフォルセ、ロジクライなどがいます。

表6●母の父アファームド/ブラッシンググルーム/マキャヴェリアン～日本での主な活躍馬

アファームド		
馬名	父	主な成績
スティンガー	サンデーサイレンス	阪神JF、フローラS
ナリタトップロード	サッカーボーイ	菊花賞、阪神大賞典他
メイショウドトウ	ビッグストーン	宝塚記念。有馬記念2着
メジロダーリング	グリーンデザート	キーンランドC。スプリンターズS2着
ブラッシンググルーム		
馬名	父	主な成績
ヤマニンゼファー	ニホンピロウイナー	天皇賞秋、安田記念他
マヤノトップガン	ブライアンズタイム	菊花賞、天皇賞春他
テイエムオペラオー	オペラハウス	有馬記念、ジャパンC、天皇賞春秋他
レディパステル	トニービン	オークス他
マキャヴェリアン		
馬名	父	主な成績
ヴィクトワールピサ	ネオユニヴァース	皐月賞、有馬記念、ドバイWC他
アサクサデンエン	シングスピール	安田記念他
スウィフトカレント	サンデーサイレンス	初代サマー2000王者、天皇賞秋2着
シュヴァルグラン	ハーツクライ	ジャパンC他
ヴィルシーナ	ディープインパクト	ヴィクトリアM他。牝馬三冠2着
ヴィブロス	ディープインパクト	秋華賞、ドバイターフ他

そして海外では仏2000ギニーのシャマーダル、ミドルパークS勝ちの短距離王ダークエンジェル、BCターフのタリスマニックなど、こちらは海外ではクラシックではなく個性的な名馬の母父となるケースが目立っています。

このように、スーパー種牡馬同様、スーパー母父馬的存在もわずかながらいます。自分を消すというよりも、父方の適性を活かしつつ、総合的な強さやスケールを与えているという印象。

今回取り上げた母父3例はもう該当馬が不在、もしくは極少となっていますが、現在の、同様の存在の母父馬については、後の章で馬券に役立つデータを引きつつ紹介していくことにします。

相性抜群の配合＝ニックス

これは突き詰めていくと遺伝子レベルの生物学研究対象になると思うのですが、特定の父と、特定の母の父馬（母ではない点に注意）の組み合わせに、名馬が連なって出る現象が昔から、洋の東西を問わず見られます。この組み合わせを「ニックス」と呼びます。

この概念が広まったきっかけは、あくまで私の見解ですが、１９７０年代前半のアメリカ競馬にあったように思います。

この頃、私は子供だったので、当時の北米競馬のことはまったくわかりませんが、競馬中継に出演されていた故・山野浩一氏がニックスという用語を用いて、成功例が続出していた「父ボールドルーラー×母父プリンスキロ」の配合を解説していた記憶がありますし、また血統評論家の吉沢譲治氏も、ニックスの代表例としてこの配合を指摘なさっています。

なんといっても、世界の競馬史に輝くセクレタリアト（北米三冠）が圧巻。さらに19戦14勝、北米２歳王者となったボールドラッド、同じく北米２歳王者サクセッサー。そしてブレード、ボールドモナーク、キートゥザキングダムなど、枚挙に暇がありません。

また、本来のニックスの概念とはズレますが「父系ボールドルーラー、母父系プリンスキロ」のように、種牡馬個体ではなく系統に広げると、これまた北米三冠のシアトルスルーや、日本に輸入され宝塚記念を勝ったダンツシアトルなども該当します。

日本では、生産界以外でニックスという言葉を用いるのは、血統を重視する評論家やマニアックなファン程度でしたが、一気に広まったのはゴールドシップの出現がきっかけだったと思います。

それ以前にも、後から見ればニックスにふさわしい例はいくつかありました。例えば、「父サンデーサイレンス×母父ノーザンテースト」。90年代中盤から00年代序盤を独占した種牡馬と、80年代を代表する種牡馬の配合からも、意外とクラシックホースは少なかったものの、ニックスにふさわしい、たくさんの重賞勝ち馬を出しました。

しかし、あまりにも偉大な種牡馬同士のために「走って当然」という意識も強く、ファンだけでなく競馬マスコミ内でもニックスとして語る向きは、ほとんどなかった記憶があります。

話をゴールドシップに戻します。その直前にＪＲＡで頂点に立っていたのはドリームジャーニー、オルフェーヴルの全兄弟。「父ステイゴールド×母父メジロマックィーン」という配合でした。

この例だけでは、全兄弟ですから単に母オリエンタルアートの、繁殖牝馬としての優秀さにスポットライトが当たって然るべきです。むしろ、当時は「母の母父」であるノーザンテーストの貢献も語られたものでした。

しかしオルフェーヴルの翌年に、皐月賞と菊花賞の二冠を制したゴールドシップが現れたことで、ステイゴールドと母の父メジロマックィーンとの配合が俄然クローズアップされることになり、ニックスの概念がしばしば持ち出されるようになったのです。

ゴールドシップの牝系は「ドリジャ兄弟」とはまったく関係ない。しかも、メジロマックィーンの種牡馬としての成績は決して良いものではありませんし（それ以前にそもそも産駒の絶対数が少ない）、ブルードメアサイアーとしても目立ってはいませんでした。

表7●JRAにおけるニックスの例

ステイゴールド×メジロマックイーン	
主な産駒	主要成績
ドリームジャーニー	有馬記念、宝塚記念他
オルフェーヴル	三冠、有馬記念、宝塚記念他
フェイトフルウォー	京成杯、セントライト記念
サンデーサイレンス×ノーザンテースト	
ダイワメジャー	皐月賞、天皇賞秋他
デュランダル	マイルCS、スプリンターズS他
アドマイヤマックス	高松宮記念、東京スポーツ杯2歳S他
エアメサイア	秋華賞他
ローゼンカバリー	AJCC、日経賞、セントライト記念他
キングストレイル	セントライト記念他
エアシェイディ	AJCC他
ディヴァインライト	高松宮記念2着
ディープインパクト×ストームキャット	
キズナ	ダービー、京都新聞杯、大阪杯他
アユサン	桜花賞
ラキシス	エリザベス女王杯、大阪杯他
リアルスティール	ドバイターフ、毎日王冠他
サトノアラジン	安田記念他
エイシンヒカリ	香港C、仏イスパーン賞他
ラヴズオンリーユー	オークス、香港C、BCフィリー＆メアターフ他
ダノンキングリー	安田記念、毎日王冠他
スタディオブマン	仏ダービー
ディープインパクト×フレンチデピュティ	
マカヒキ	ダービー、弥生賞他
ショウナンパンドラ	ジャパンC、秋華賞他
ウリウリ	CBC賞他
カミノタサハラ	弥生賞
メイショウテンゲン	弥生賞
カラテ	新潟記念、東京新聞杯他
ヨーホーレイク	日経新春杯
アンジュデジール	JBCレディースC
ディープインパクト×クロフネ	
レイパパレ	大阪杯1着、2着他
ステファノス	富士S。天皇賞秋2着、大阪杯2着
プラダリア	京都大賞典、京都記念、青葉賞

それが降って湧いたように、ステイゴールドとの配合で三冠馬、二冠馬と連続して送り出したわけです。さらにゴールドシップの毛色が、マックイーンと同じ芦毛だったことも、母父への注目度に拍車をかけた感があります。

この配合からGI級の出世馬となったのは3頭だけでしたが、勝ち上がり率はとても高くて、中央登録わずか45頭ながら17頭が勝利を挙げ、37・8％の率をマークしました（地方転出馬を除く）。

これはキズナやロードカナロア産駒の総合勝ち上がり率と近似の数値です。それをステイゴールド×メジロマックイーンの配合パターンだけでマークしました。

その後まもなく、大種牡馬ディープインパクトが出てきて、配合相手の血を問わず産駒が走りまくることになるため、日本競馬でニックスの概念が取り沙汰されることは少なくなったように思います。

ただその中でも、表7に挙げたようにディープとストームキャットとの相性は突出していて、これは究極のニックスというにふさわしい黄金配合ですし、またフレンチデピュティやその子クロフネとの配合もニックスに値するといえます。

ニックスは、母の父としての一般的な遺伝形質の出現（あくまで競馬においてですが）とは違って、あくまで父の血とセットとして考える現象です。

もちろん例外はあるもので、同配合でもまったく走らないケースはありますが、感覚として外れは少なく、レース展望においてもかなり活用はできます。

また、表7を見るとお気づきになるかもしれませんが、ニックス内では同じレースを勝っている例がとても多い。これも重賞予想においては武器となります。

もちろん、どの配合がニックスなのかを事前に予測することは不可能なので、あくまで後追いになりますが、定評あるニックスを持つ若駒が出てきたときに、新馬戦から追い続ける策は有効だと思います。

また今後も、新たなニックスが出現することは間違いないので、ある種牡馬を定点観測することにより、頻繁に好走のある組み合わせが見つけられれば、他に先んじてそれを馬券作戦に活用することは、かなりのアドバンテージになると思います。

母から伝わるもの、母の父から伝わるもの

本書は、テーマを「母の父」にあえて絞っているので、牝系から伝わるものについてはここまで考えずにきました。

しかしこのテーマにおいて、やはり避けて通ることができないのも事実です。ここでは先達の研究者の著述を借りながら、牝系を見ることから母の父をより際立たせてみます。

皆さんも学生時代に、生物の授業で「ミトコンドリア」について習ったことがあると思います。細胞の中にある組織なのですが、長らく、その働きは解明し切れておらず、筆者が中学生の頃は「酸素の代謝に関わってエネルギー生成に欠かせない」という程度の記述がありました。

その後の研究により、どうやらミトコンドリアはもともと地球の生物細胞にはなかったもので、宇宙空間から飛来して細胞内に紛れ込み、遺伝子に乗って拡散していったという、信じられないような壮大な理論が妥当とされ定説となりました。

さらに、ミトコンドリアは母親からしか伝わらないこともわかってきました。母はまたその母（つまり祖母）、祖母はまたその母（曾祖母）……というように、サラブレッドの場合は血統表におけるボトムライン（血統表の一番下の、牝馬だけのライン）によってつながっていることになります。

ということは、ミトコンドリアの遺伝において、父や母の父は介在していないといい換えることもできます。

さらに、ミトコンドリアにも種類があって「トリ型ミトコンドリア」という存在も発見されました。これは普通のミトコンドリア以上に、エネルギー代謝と有酸素の運動能力を助ける働きを持っていて、その働きの優劣には差があります。

これらの学問的事実から、競走馬の生産において、優秀な牝系が存在するという現象の理由がわかりました。多くの高名な血統評論家が提唱しているように「本来は種牡馬よりも牝系が重視されるべき」という言説は、正鵠を射ているといえるでしょう。

しかしそう考えると、では母の父とはいったい何の役に立っているのかという疑問がどうしても湧いてきます。それを少しでも解明するために、第1章のここまでの内容を改めて振り返ってみましょう。

母の父（BMS）には、どうやらいくつかの種類があるようで……。

・Aタイプ→父の特徴を伸ばし、その馬の走りの方向性を決めるBMS

・Bタイプ→どんな父馬との配合でも結果を出すスーパーBMS
・Cタイプ→特定のニックスで輝くBMS

Aタイプを考えるうえで、近年の日本の名馬を想起すれば、簡単に浮かび上がってくる仮説があります。以下例を挙げていくと……（カッコ内は母の父）。

フジキセキ（ルファビュリュー）、タニノギムレット（クリスタルパレス）、ジェニュイン（ワットラック）、ゼンノロブロイ（マイニング）、シンボリクリスエス（ゴールドメリディアン）、クロフネ（クラシックゴーゴー）、マンハッタンカフェ（ローソサエティ）、ウオッカ（ルション）、ディープインパクト（アルザオ）、マツリダゴッホ（ベルボライド）、ナカヤマフェスタ（タイトスポット）、ジェンティルドンナ（ベルトリーニ）、リスグラシュー（アメリカンポスト）、ドウデュース（ヴィンディケイション）……。

おそらく、血統に詳しくない方がカッコ内の種牡馬を見ても、ほとんど見覚えがない馬名ばかりで、まったくピンとこないのではないでしょうか。

つまり、競走馬として歴史に残るような馬はほぼおらず、種牡馬としては二流止まり、あるいは無名。つまり、歴史的名馬や大種牡馬ではない馬たちが、突然名馬の母の父として脚光を浴びたわけです。

そもそも、種牡馬としての質が高くない、あるいは主張が強くないわけですから、その分、母のミトコンドリアを邪魔せず、かつ父型の血の良さも損なわなかったということではないでしょうか。

Bタイプはサンデーサイレンスやディープインパクトといった、革命的大種牡馬であり、このタイプは母の父に入ってもその影響力を強めます。

ただ、その影響力とは、父だったときと同様、配合相手の良さを生かして多様化していくこと。だから、優秀な質のミトコンドリアを持つ牝系の血を損なうことがないのです。

配合された父の血がなんであれ、牝系の血の長所を強く押し出すことになります。

Cタイプは先ほども説明したように、突然母父メジロマックィーンが開花したようなパターン。もちろんサンデー×ノーザンテーストやディープ×ストームキャットのように、大種牡馬×Bタイプの配合からニックスが出現することもあります。

生物学者でない筆者にとって、レースの現象から思考を巡らすのはそろそろ限界です。このあたりで「母の父」とは何か、というテーマについて、曲がりなりにも結論を出さなければなりません。

私がその働きをひと言でまとめるなら「母の父とは、主役を活かす名脇役」。そう考えるのが一番しっくり来るように思います。自己主張しすぎず、主役の良さを引き立て、しかしその存在がないと作品が締まらない。その脇役と特定の主役との組み合わせに名作が多ければ、それはニックスとなる。

また、存在が稀少なスーパーBMSは、主役も脇もこなせる稀代の名優タイプ。

ということは、現在の名優を見つけるとともに、名優の兆しが見えている馬、隠れたニックスやまだ出番が少ない隠れた脇役馬を見つけることは、こと競馬予想において、あまり触れられていない金脈になる可能性があります。

次の章からは、現在の中央競馬を見渡して、注目すべき母父馬＝ＢＭＳの成績データや狙いどころを探していくことにします。

※本章参考資料
「最強の血統学」著・吉沢譲治、田中匡（ベスト選書）
「競馬の血統学・母のちから」著・吉沢譲治（ＮＨＫ出版）
「生物学・遺伝学に基づくサラブレッドの血統入門」著・堀田茂（星海社新書）

★2章を読む前に……

この章では、「母の父に見かけたら、とにかく一考すべき種牡馬」を私の経験則からチョイスして分析しました。大半は買いとしての強調ですが……中には軽視の意味で取り上げたケースもあります。

日本に輸入されてきた外国産種牡馬については、日本供用後の成績に限定しました。シャトル供用種牡馬についても、日本にいるときの生産馬に限っています。

データ集計は、すべて2020年1月5日から2024年7月21日までの、ＪＲＡ平地競走が対象です。掲載は50音順で、アドマイヤベガからフレンチデピュティまでの15頭です。

なお父馬別成績については、産駒数が2024年現在極少で、間もなくＪＲＡから消える公算の大きい種牡馬は、成績が高くても除外することにしました。現在、そして数年後にも影響力を及ぼすと思われる種牡馬に絞ってあります。

また、本文中では「母の父」よりも「ＢＭＳ」という表記にするケースが多くなりますのでご了承ください。

第2章

あなたの血統馬券が今、進化する!

見かけたら即買い母父リスト

母父
即買いリスト
01

アドマイヤベガ

父サンデーサイレンス・母の父トニービン

●少ない孫世代でも回収値は大健闘！

20世紀末の3強といえばテイエムオペラオー、ナリタトップロード、メイショウドトウの印象が強いですが、メイショウの台頭は古馬になってからで、ダービーまではこのアドマイヤベガが一角を形成し、ダービーで頂点に立ちました。種牡馬としても桜花賞馬キストゥヘヴン、マイルCS馬ブルーメンブラッド、そしてアルナスラインやアドマイヤフジなどを出し、一流と呼べる成績は残していましたが、BMSとしては、①期間内通算成績を見ると、複勝率22・3％なので決して強調できる数字ではありません。しかし注目は、その複勝回収値で、芝・ダート総合で94もありました。

2004年の他界後20年を経過し、BMSとしての個体数は少なくなってきました。それを思えば、BMS末期の限られた孫世代にして、直近3年半の対象期間でもなお、複勝回収値が100に迫っているのは驚くべきことです。もっとも勝ち切るケースは少なくなってきましたが……。

③芝のコース別でも連対率上位3カ所すべてが20％台をキープしている点もさすが。また出走回数が少ないためランク外となりましたが、新潟芝1800mは【2－1－2－6】であり、3着以内5回はすべて異なる馬で挙げていて、BMSとしてのコース適性の高さを裏付けています。

④ダートの連対率トップ3は、ご覧の3つのコースですが、面白いことにこの3カ所すべて、勝ち鞍は1勝だけなのです。なお1位の福島ダート1700mでは、複勝回収値は160もあり、人気薄の好走が目立っています。複勝率という点では、函館ダート1700mが【1－1－2－7】、中京ダート1800mは【1－3－3－11】と安定して上位に入っています。

⑤芝の父馬別連対率はご覧の3頭ですが、単勝回収値では69走のハービンジャーが129で断然。⑥ダートの父馬別では、シニスターミニスターは連対率が3割越えなのに勝率が4・8％しかなく、ヒモ量産の相性となっています。

①アドマイヤベガ・BMS期間内通算成績

1着	2着	3着	4着以下	連対率	複勝率
50	62	65	615	14.1%	22.3%

※集計期間はいずれも2020年1月5日～24年7月21日。平地戦のみ

②BMSとしての代表馬

馬名	主要成績
ニホンピロアワーズ	JCダート、平安S、東海S
タイムトゥヘヴン	ダービー卿CT。京成杯2着、ニュージーランドT2着
シュトラウス	東京スポーツ杯2歳S
ジャンカズマ	オープン1勝
フォラブリューテ	オープン1勝
サンライズロナウド	阪急杯3着

代表馬については集計期間のシバリはなし。ただし成績、クラスは 24 年8月末日時点のもの（以降の章でも同じ）

③芝【コース別】連対率TOP3（15走以上）

コース	連対率	連対数	出走数
東京・芝1800m	26.3%	5	19
阪神・芝1600m	23.5%	4	17
中山・芝1600m	22.2%	8	36

④ダート【コース別】連対率TOP3（20走以上）

コース	連対率	連対数	出走数
福島・ダ1700m	25.0%	5	20
東京・ダ1600m	22.2%	6	27
小倉・ダ1700m	19.0%	4	21

⑤芝【父馬別】連対率TOP3（30走以上）

父馬名	連対率	連対数	出走数
エピファネイア	36.4%	12	33
モーリス	21.9%	7	32
ルーラーシップ	19.7%	12	61

⑥ダート【父馬別】連対率TOP3（20走以上）

父馬名	連対率	連対数	出走数
エスケンデレヤ	37.5%	12	32
シニスターミニスター	33.3%	7	21
キングカメハメハ	20.0%	5	25

母父即買いリスト02

アフリート

父ミスタープロスペクター・母の父ヴェネツィアンジェスター

●ダートで出世、父エスポワールシチーと好相性！

他界して数年経っているので、今後は個体数も減少の一途となりますが、それでもあと数年は影響力を維持していくでしょう。ＢＭＳの代表例を見ると、出世馬は明らかにダートに偏っていて、芝では概して条件戦止まりとなります。

ＢＭＳとしての馬券面での威力は、期間内に１２００走を超える出走回数がありながら、単勝回収値が１１７もあること。これは驚異的です。複勝回収値も81あって、人気薄でも狙えます。さらに絞れば牝馬。なんと単勝回収値は２０２もあるのです。

④ダート30走以上を対象としたコースでは、東京１６００ｍの連対率がトップなのですが、ここでの単勝回収値は７８２、複勝回収値は１８４に達しています。また連対率ではトップ3に入れませんでしたが、函館の１７００ｍは【4－0－5－21】で、単勝回収値３２４、複勝回収値１９３でした。ダートで不振となるのは新潟で【2－2－1－47】。複勝率でも1割に満たない９・６％でした。

⑤⑥の父馬別の相性を見ると、芝での連対率ではグレーターロンドンやダイワメジャーが上に来ますが、複勝率や勝ち切り数ではキズナ。連対率は９・７％と低く3位であっても、6勝していて単勝回収値１６５、複勝回収値は１３６。【6－1－11－54】とかなり特徴のある数字となっています。穴馬の一発に警戒。

ダートではご覧の3頭の種牡馬の連対率がとても高く、エスポワールシチーは複勝率だと42・4％もあります。ただ3位のザファクターには注意が必要で、連対8回、3着以内16回はたった2頭によるものである点を踏まえるべきでしょう。

なお、ＢＭＳアフリートで面白いのはブラックタイド・ディープインパクト兄弟との相性が良くないこと。ディープとの配合では、芝は1走だけで4着以下、ダートが【0－1－1－16】。ブラックタイドとは芝が【0－0－1－25】、ダートは【1－0－1－16】です。逆ニックス（そんな言葉はないですが）といえるでしょう。

①アフリート・BMS期間内通算成績

1着	2着	3着	4着以下	連対率	複勝率
87	69	94	1011	12.4%	19.8%

※アフリートは英字表記（海外繁養時分）成績は入っていません

②BMSとしての代表馬

馬名	主要成績
ノボジャック	JBCスプリント他
ニシケンモノノフ	JBCスプリント
ドライスタウト	武蔵野S、全日本2歳優駿
モルトベーネ	武蔵野S、東海S2着
ショウナンアポロン	マーチS
サンライズフレイム	オープン2勝

③芝【コース別】連対率TOP3（10走以上）

コース	連対率	連対数	出走数
小倉・芝1200m	23.1%	3	13
阪神・芝1600m	18.2%	2	11
中山・芝1600m	16.7%	2	12

④ダート【コース別】連対率TOP3（30走以上）

コース	連対率	連対数	出走数
東京・ダ1600m	18.9%	14	74
阪神・ダ1800m	16.4%	12	73
中京・ダ1400m	16.3%	8	49

⑤芝【父馬別】連対率TOP3（15走以上）

父馬名	連対率	連対数	出走数
グレーターロンドン	27.8%	5	18
ダイワメジャー	18.8%	3	16
キズナ	9.7%	7	72

⑥ダート【父馬別】連対率TOP3（30走以上）

父馬名	連対率	連対数	出走数
エスポワールシチー	33.3%	11	33
シニスターミニスター	27.8%	10	36
ザファクター	21.1%	8	38

母父
即買いリスト
03

アンブライドルズソング

父アンブライドルド・母の父カロ

●芝でもダートでも、ハーツクライ一族と見逃せないニックス

北米で大成功した種牡馬で、現役時はBCジュベナイルやフロリダダービーを制しました。日本で繋養された経験はありませんが、繁殖として牝馬産駒が多く入っていて、期間内総合成績での複勝率30％超えは立派。大物も数頭送り出しました。母の父として見かけたら、私は常に買いを意識しています。代表例の名馬たちを見れば、芝重賞では複勝率が33・3％あるのは納得。そして馬券における実効性で最高なのは芝2勝クラスで、複勝率が40・8％もあるのです。

③芝のコース別成績も、大半のコースで安定していて、特に連対率の高いのが表の3つ。ただコースではなく距離で切ると、芝1400mは【1－2－6－33】と苦手としています。

反対にかなりの好成績なのは芝2400mが【8－6－2－21】、芝2600mは【6－2－4－8】。アンブライドルズソング自身の血統は特にスタミナの要素が強いわけではないのですが、距離云々ではなく、前述のように持続力という、走りのベクトルを強く伝えているのでしょう。

またダート重賞では【0－0－0－8】と意外にもここまでは不振。他に、中山ダート1200mでは【0－0－4－15】と偏りを見せています。ダートのクラスで見ると、芝よりもひとつ下の1勝クラスで【10－15－8－58】であり、複勝率が36・3％に達しています。これらを踏まえると、パワーはあまり伝えておらず、またスピード面ではやや足りないという推測ができます。

⑤芝の父馬別では、現在の主流父系と好相性を誇ります。2位がハーツクライですが、その産駒ジャスタウェイとも【3－1－4－17】で複勝率は32・0％。そのハーツはダートでも連対率2位なのですから、**この系統とはニックスに近い関係があるといえそうです。**

面白いのは、ディープインパクトとの配合馬がダートで結果を残しているところ。⑥のダートでディープがトップ3に入ってくるのは珍しい。ちなみに、この配合はコントレイルと同じで、もしかしたら同産駒も、意外とダートをこなすかも？

①アンブライドルズソング・BMS期間内通算成績

1着	2着	3着	4着以下	連対率	複勝率
95	82	98	635	19.5%	30.2%

②BMSとしての代表馬

馬名	主要成績
コントレイル	牡馬三冠、ジャパンC、ホープフルS他
ジャックドール	大阪杯、札幌記念、金鯱賞他
スワーヴリチャード	ジャパンC、大阪杯他。ダービー2着
ダノンプラチナ	朝日杯FS、富士S
トーホウジャッカル	菊花賞
ノットゥルノ	ジャパンダートダービー。東京大賞典2着他
トーホウアマポーラ	CBC賞

③芝【コース別】連対率TOP3（15走以上）

コース	連対率	連対数	出走数
中京・芝1600m	40.0%	6	15
小倉・芝1800m	35.3%	6	17
東京・芝2400m	29.4%	5	17

④ダート【コース別】連対率TOP3（20走以上）

コース	連対率	連対数	出走数
中山・ダ1800m	26.3%	10	38
阪神・ダ1800m	20.7%	6	29
東京・ダ1400m	20.0%	4	20

⑤芝【父馬別】連対率TOP3（30走以上）

父馬名	連対率	連対数	出走数
モーリス	34.2%	13	38
ハーツクライ	25.5%	28	110
ドゥラメンテ	19.4%	7	36

⑥ダート【父馬別】連対率TOP3（20走以上）

父馬名	連対率	連対数	出走数
パイロ	21.9%	7	32
ハーツクライ	21.2%	7	33
ディープインパクト	20.0%	10	50

母父
即買いリスト
04

エンパイアメーカー

父アンブライドルド・母の父エルグランセニョール

●複勝率がメチャ高い！父キズナとのニックス

現役時代はケンタッキーダービー2着、ベルモントS1着、その他にフロリダダービーやウッドメモリアルSを勝っていて、文句なしに世代のトップクラスでした。ここでの対象は、日本供用期間（2011～15年）に出した牝馬産駒が産んだ馬たちに限定します。

現役時の能力を考えると、BMSとしては出世したケースが少ない。そもそも、海外供用時のBMSとして送り込んだ馬でも、エアアルマスが筆頭格ですから、日本で成功した種牡馬、あるいは日本の馬場とは基本的に相性が良くなかったのかもしれません。

また配合牝馬の質も、客観的にはそれほど高くなかったとも感じます。なお北米で走った馬のBMSとしては、GI馬がゴロゴロ出ています。

③の芝ではご覧のように出走回数が少なめで、正直なところ、それほど数値的な価値は感じません。やはり本領は④のダートということでしょう。連対率1位の新潟ダート1800mは複勝回収値129、2位の小倉1700mは単勝回収値が104もあります。ただし距離には限界があるようで、ダート1900m以上は【1-2-6-30】と1700m、1800mより急落します。

⑤芝の父馬別成績では、出走回数を踏まえるとルーラーシップとは相性が良さそうです。またトップ3からはこぼれましたが、キズナ【1-6-6-23】で複勝圏内ではかなり信頼度があります。

⑥ダートの父馬別では、この上位3頭との配合なら、よほど近走着順がひどくない限りは「見かけたら買っておけ」レベルの成績。ミッキーアイルは複勝率で40・7%、ビッグアーサーは45・5%、マクフィは39・1%もあります。マクフィは単勝回収値も160に達しています。

またキズナは、連対率ではトップ3に入れませんでしたが、こちらも複勝率は42・9%あって、芝・ダート不問で好成績。**キズナ×BMSエンパイアメーカーはニックスを感じさせます。**

①エンパイアメーカー・BMS期間内通算成績

1着	2着	3着	4着以下	連対率	複勝率
112	118	125	1188	14.9%	23.0%

※英字表記のものは入りません。2011～15年に日本供用時の牝馬産駒の子が対象。

②BMSとしての代表馬

馬名	主要成績
ヴァルツァーシャル	マーチS
ショウナンマリオ	3勝クラス
トーセンサンダー	3勝クラス
トウシンモンブラン	3勝クラス
ライツフォル	オープン

③芝【コース別】連対率TOP3（10走以上）

コース	連対率	連対数	出走数
京都・芝1800m	40.0%	4	10
函館・芝1200m	30.0%	3	10
阪神・芝1800m	25.0%	3	12

④ダート【コース別】連対率TOP3（50走以上）

コース	連対率	連対数	出走数
新潟・ダ1800m	27.3%	15	55
小倉・ダ1700m	27.1%	16	59
阪神・ダ1400m	21.3%	13	61

⑤芝【父馬別】連対率TOP3（10走以上）

父馬名	連対率	連対数	出走数
ルーラーシップ	33.3%	8	24
リアルスティール	30.0%	3	10
キタサンブラック	27.3%	3	11

⑥ダート【父馬別】連対率TOP3（20走以上）

父馬名	連対率	連対数	出走数
ミッキーアイル	33.3%	9	27
ビッグアーサー	33.3%	11	33
マクフィ	32.6%	15	46

母父
即買いリスト
05

オーサムアゲイン

父デピュティミニスター・母の父ブラッシンググルーム

●晩成タイプが多く、ダートなら新馬から重賞まで狙える

カナダ産馬で、北米で現役生活を送りました。出世したのは4歳夏という遅咲きで、その年の秋にはBCクラシックに勝利。シルヴァーチャームやスウェイン、コロナドズクエストら強豪を倒して北米の頂点に立ちました。

産駒には同じくBCクラシックを勝ったゴーストザッパーや、ポタジェやルージュバックの母として知られる名牝ジンジャーパンチらを輩出。ここでは日本に入ってきた輸入繁殖牝馬たちが産んだ子の成績となります。自身の晩成ぶりをBMSとしても伝えているようで、その傾向は、代表馬の例を見ても納得できるでしょう。

BMSの総合成績の複勝率は33・5%あり、単勝回収値は93の高さ。人気薄の激走も少なくないことになります。出走頭数が少ないだけに、見かけたら次に述べる注意点を踏まえたうえで、必ず買い目に入れるくらいのことをしてもいいでしょう。

芝もダートも不問。短距離では今ひとつですが、芝・ダートともにマイル以上なら信頼度が上がります。

⑤芝での父馬別成績では、ポタジェを中心としたディープインパクト、そしてキングカメハメハ、ドゥラメンテが連対率上位3頭ですが、すべてもうこの世にいない種牡馬。その点、⑥のダートのほうが、2位のハーツクライこそ他界していますが、ロードカナロアやスクリーンヒーローなどは今後の参考になるでしょう。

芝ではルージュバック、ポタジェ姉弟の活躍はあったものの、現状は重賞になると【1－1－3－19】と連対が厳しく、狙うならオープン特別までとなります。なおダートでは、新馬からオープンまでまんべんなく走っており、本来のBMSとしての能力の本質はダートにあると推測できます。

距離面では、先述のように短距離では厳しくなり、芝1600m以下は【2－0－0－18】。ダート1200m以下は【0－3－3－23】と、ダートではあっても、勝ち切れなさが顕著となっています。テンのスピードよりも脚の持続力が武器ということです。

①オーサムアゲイン・BMS期間内通算成績

1着	2着	3着	4着以下	連対率	複勝率
33	24	28	169	22.4%	33.5%

②BMSとしての代表馬

馬名	主要成績
ポタジェ	大阪杯
ルージュバック	オールカマー、毎日王冠
テンカハル	オープン1勝
ローザノワール	オープン1勝
アラジンバローズ	オープン→地方転出

③芝【コース別】連対率TOP3（4走以上）

コース	連対率	連対数	出走数
東京・芝2000m	60.0%	3	5
阪神・芝2000m	57.1%	4	7
新潟・芝1800m	50.0%	2	4

④ダート【コース別】連対率TOP3（20走以上）

コース	連対率	連対数	出走数
ダ・小倉1700m	42.9%	3	7
ダ・東京2100m	40.0%	6	15
ダ・京都1800m	37.5%	3	8

⑤芝【父馬別】連対率TOP3（10走以上）

父馬名	連対率	連対数	出走数
ディープインパクト	40.0%	8	20
キングカメハメハ	28.6%	6	21
ドゥラメンテ	18.8%	3	16

⑥ダート【父馬別】連対率TOP3（10走以上）

父馬名	連対率	連対数	出走数
ロードカナロア	38.5%	5	13
ハーツクライ	30.6%	11	36
スクリーンヒーロー	26.1%	6	23

母父
即買いリスト
06

カーリン

父スマートストライク・母の父デピュティミニスター

●北米最高の種牡馬、BMSとしての注目は「距離」にあり！

現役時代は2007年の北米三冠レースにおいて、プリークネスS1着などすべて3着以内に入った世代トップランクの1頭で、その後もBCクラシックなど多くのGⅠを制しました。日本でもおなじみのストリートセンスやハードスパンらと激闘を演じ、当時の北米の歴代最高獲得賞金馬に輝いていています。

種牡馬としての直接の産駒には、ジャスティンバレスの母の父として知られることになったパレスマリス（ベルモントS）を初年度からいきなり送り出し、22年にはエクリプス賞（JRAでいう年度代表馬各部門）で3頭の産駒が部門賞を取ったのですが、これは北米競馬史上初の快挙でした。翌年も3頭の産駒で4部門を取っていて、24年の種付け料は北米最高額となっています。

この大成功から今後は日本に繁殖牝馬が入ってくる数が増えると思うので、馬券面に活かせるBMS傾向を先取りしたいところです。

芝では、オープン特別と重賞で合わせて【1－0－1－10】。レベルが上がると天井が見えてくるようです。反対に芝新馬戦は【3－0－4－6】とかなり安定。

そして芝では1800mから2000mの勝ち切りが異常に多いことは覚えておきたいところ。【11－3－3－28】となっています。

ダートでは、⑥父馬別成績のデータに注目。ここに挙がっているTOP3は、**いずれもエーピーインディ系**なのです。この系統とはニックスが発生していると見ることもできます。

芝と異なり、ダートの新馬戦は【0－1－2－6】と不振。しかしオープン特別＋重賞では【1－3－1－9】で1勝だけですが、好走率は芝とは段違いです。

距離面ではハッキリした傾向があって、1300m以下【0－1－2－13】に対し、1400m＋1600mでは【10－11－1－20】という驚異的な連対数と連対率を見せています。また1800mでは【7－4－6－29】で複勝率37・0％の安定ぶり。これらの距離範囲で母の父カーリンを見つけたら、まず買っておきましょう。

①カーリン・BMS期間内通算成績

1着	2着	3着	4着以下	連対率	複勝率
38	27	20	169	25.6%	33.5%

②BMSとしての代表馬

馬名	主要成績
エンペラーワケア	根岸S
サンライズラポール	オープン→地方転出
ガストリック	東京スポーツ杯2歳S
フランスゴデイナ	3勝クラス
ルクルト	3勝クラス
リビアングラス	3勝クラス

③芝【コース別】連対率TOP3（5走以上）

コース	連対率	連対数	出走数
阪神・芝2000m	60.0%	3	5
福島・芝1200m	60.0%	3	5
東京・芝1800m	60.0%	3	5

④ダート【コース別】連対率TOP3（10走以上）

コース	連対率	連対数	出走数
東京・ダ1600m	53.8%	7	13
阪神・ダ1400m	50.0%	6	12
東京・ダ1400m	30.0%	3	10

⑤芝【父馬別】連対率TOP3（20走以上）

父馬名	連対率	連対数	出走数
ディープインパクト	26.9%	7	26
キングズベスト	23.8%	5	21
キズナ	18.8%	6	32

⑥ダート【父馬別】連対率TOP3（10走以上）

父馬名	連対率	連対数	出走数
ウィルテイクチャージ	40.0%	6	15
マリブムーン	40.0%	4	10
コンスティテューション	38.1%	8	21

母父即買いリスト07

コロナドズクエスト

父フォーティナイナー・母の父ダマスカス

●ダートでは中距離の重賞で強く、東京マイルは苦手

現役時は北米で活躍し、2歳のうちに重賞3勝。3歳時は三冠路線には向かわずに、4月から8月にかけて重賞を5連勝しました。距離適性は広く、この5連勝のレースは1400mから2000mにまで及んでいます。

2003年、日本に売却。連続して100頭を超える配合相手を得たものの、わずか2年のシーズンを終えただけで急死してしまいます。フォーティナイナーの後継種牡馬として期待を集めていただけに、大きな落胆をもたらした訃報であったことを筆者も覚えています。なお、今回の集計は日本供用後に出した牝馬産駒が産んだ馬たちが対象です。

北米の歴史的名牝だったラフィアンの近親という血筋ながら、産駒には英国で活躍した馬もおり、決してダート一辺倒ではありません。芝での成績は【9－10－6－138】で、単勝回収値はこの出走回数にして110もあります。

ただ、芝では距離の限界がハッキリしていて、1600m以上では【1－2－1－53】とかなり苦戦。また野芝のみである新潟は【0－1－0－20】とこれも成績が悪い。

芝での注目は道悪時で、重・不良馬場では【2－3－1－9】と安定しています。

ダートでは、④の連対率上位コースは短距離が並んでいますが、BMSとしての代表馬を見ると中距離重賞での活躍馬も多い。むしろ、1400m以下ではオープン特別までで、重賞では壁にぶつかる傾向があります。

あとは東京マイルでは苦手傾向が強く出ており、【0－1－2－18】となっています。

⑤父馬別成績を見ると、芝ではとても個性的な種牡馬が上位に並んでおり、主流種牡馬との配合が少ないながら、個性の強い産駒で結果を残していることがわかります。⑥のダートでは反対にパイロ、ドレフォンなど主流父馬との相性が良くなっています。

①コロナドズクエスト・BMS期間内通算成績

1着	2着	3着	4着以下	連対率	複勝率
48	39	41	408	16.2%	23.9%

②BMSとしての代表馬

馬名	主要成績
モズアトラクション	エルムS
メイショウカズサ	プロキオンS、浦和記念
アームズレイン	根岸S2着、オープン1着
コレペティトゥール	京都金杯
ペプチドヤマト	3勝クラス
サザンエルフ	3勝クラス

③芝【コース別】連対率TOP3（10走以上）

コース	連対率	連対数	出走数
小倉・芝1200m	30.0%	3	10
東京・芝1400m	25.0%	3	12
福島・芝1200m	20.0%	2	10

④ダート【コース別】連対率TOP3（15走以上）

コース	連対率	連対数	出走数
阪神・ダ1200m	35.3%	6	17
中京・ダ1400m	23.8%	5	21
中山・ダ1200m	22.9%	8	35

⑤芝【父馬別】連対率TOP3（10走以上）

父馬名	連対率	連対数	出走数
リーチザクラウン	50.0%	5	10
トーセンラー	21.1%	4	19
ヴァンセンヌ	13.6%	3	22

⑥ダート【父馬別】連対率TOP3（15走以上）

父馬名	連対率	連対数	出走数
パイロ	43.8%	7	16
カジノドライヴ	36.4%	8	22
ドレフォン	30.0%	6	20

母父即買いリスト 08

ジャイアンツコーズウェイ

父ストームキャット・母の父ラーイ

●ダートは東京で好走、北海道では穴馬激走！

個人的には、競走生活と種牡馬実績を合わせて、2000年代初頭だけでなく現在まで広げても世界屈指の存在だったと思っています。現役時のニックネームは「アイアンホース」。00年5月から9月末までの5カ月間でGⅠを8走し、5連勝を含めそのすべてに連対するという、とんでもない記録を残したことに由来します。

北米生まれ、アイルランドで管理され、2歳時は3戦3勝。3歳春は英国とアイルランドの2000ギニーでともに2着。クラシックからは離脱し、マイルから2000mのレースに専念します。現役最後のレースは北米に渡って、BCクラシックでダートに初挑戦。ティズナウのクビ差2着で引退します。

種牡馬としてはどの国でも成功し、北米リーディングは二度獲得。18年に他界しています。

BMSとしては、芝では苦手な距離は見当たらないのですが、1800mから2000mの中距離で特に連対率が高い。

ただ、芝のクラス別を見ると大舞台では今は苦しく、GⅠ+GⅡでは【0－2－0－22】に留まります。苦手コースなのは中山マイルで【0－2－2－28】。勝ち切りは厳しくなっています。

④のダートも距離不問ですが、1200m以下では連対率は水準レベルか。トップは東京1600m、2位は東京1400mで東京ダートとの相性はとても良く、155走して3着以内が52回、複勝率33・5％、単勝回収値は146もあります。

また回収値で見ると、札幌ダートが複勝回収値178、函館ダートは単勝回収値111で、人気薄にも要注意です。

面白いことは、芝ではディープインパクト系との配合で勝ち切れなさが目立つ点。ディープ全兄ブラックタイドとは、連対率2位でも2勝だけ、ディープ本体とは3勝だけ。キズナは1勝、リアルスティールは0勝です。

ダートでは1頭補足。カレンブラックヒルとは【0－5－2－10】で、勝ち鞍はないものの、複勝率41・2％の安定度があります。

①ジャイアンツコーズウェイ・BMS期間内通算成績

1着	2着	3着	4着以下	連対率	複勝率
96	94	81	906	16.1%	23.0%

②BMSとしての代表馬

馬名	主要成績
レモンポップ	チャンピオンズC、フェブラリーS、南部杯他
ツクバアズマオー	中山金杯
クリノプレミアム	中山牝馬S
クラヴァシュドール	チューリップ賞2着、阪神JF3着
シュリ	関屋記念2着、オープン2勝

③芝【コース別】連対率TOP3（10走以上）

コース	連対率	連対数	出走数
阪神・芝1800m	45.5%	5	11
新潟・芝1800m	35.7%	5	14
中京・芝2000m	35.0%	7	20

④ダート【コース別】連対率TOP3（20走以上）

コース	連対率	連対数	出走数
東京・ダ1600m	27.0%	17	63
東京・ダ1400m	26.2%	11	42
函館・ダ1700m	23.8%	5	21

⑤芝【父馬別】連対率TOP3（20走以上）

父馬名	連対率	連対数	出走数
フランケル	35.5%	11	31
ブラックタイド	25.0%	7	28
ディープインパクト	23.7%	14	59

⑥ダート【父馬別】連対率TOP3（20走以上）

父馬名	連対率	連対数	出走数
ルーラーシップ	33.3%	7	21
タピット	28.0%	7	25
ディープインパクト	20.6%	7	34

母父即買いリスト 09

ストリートクライ

父マキャヴェリアン・母の父トロイ

●BMSとしての代表馬に、あのロマンチックウォリアー

アイルランド産で北米デビュー。3歳時はドバイへ遠征してUAEダービー2着、以降は北米とドバイを往復して競走生活を送り、4歳時に2002年のドバイワールドCを制しました。引退後は北米で種牡馬生活を送り、北米2歳王者のストリートセンスや、2000年代序盤の北米を代表する名牝の1頭ゼニヤッタ、オセアニア最強クラスだったウィンクスなどを送り大成功しました。

BMSとしても北米、日本、ドバイで活躍馬を次々に出していますが、日本のファンにとって鮮烈だったのは、24年の安田記念を制した香港馬（オセアニア産）のロマンチックウォリアーでしょう。

血統的には、父がマキャヴェリアン、母がペティション系のトロイとネヴァーベンド系の配合なので、重厚な芝タイプです。期間内ではダートでの重賞出走がないこともそれを裏付けていますし、日本でのBMSとしての総合成績は475走で単勝回収値105と優秀ですが、芝だけならさらに上がって、【21－13－21－190】、単勝回収値158に達するのです。

クラス別の成績には特色があって、芝の新馬戦は【7－2－1－23】と勝ち切りが圧倒的。勝率が21・2%、単勝回収値はなんと471、複勝回収値も100ありますが、ダートとなると、新馬戦では出走数も少ないものの【0－0－1－7】と真逆となります。

また芝の未勝利戦では85走し16連対と水準レベルながら、回収値が高く、単勝172、複勝127。つまりBMSストリートクライは、芝の新馬戦、未勝利戦の人気薄が狙い目ということになります。

なお、芝の1200mは【1－0－0－21】、1400mは【1－1－0－17】と不振であり、マイル以上に絞ればさらに効果的です。

ダートは1900m以上だと【1－0－2－21】で、連対まではなく望み薄。1800mでは水準レベルなので、急激に距離対応ができなくなることがわかります。

⑤⑥の種牡馬別ではハーツクライに注目。芝・ダートともに連対率1位という優秀な成績です。

①ストリートクライ・BMS期間内通算成績

1着	2着	3着	4着以下	連対率	複勝率
41	31	45	358	15.2%	24.6%

②BMSとしての代表馬

馬名	主要成績
ロマンチックウォリアー	安田記念(香港馬)
テリトーリアル	小倉大賞典。オープン2勝
ディアスティマ	目黒記念2着。オープン1勝
ディヴィナシオン	オーシャンS2着
ストロングバローズ	ユニコーンS2着。オープン1勝

③芝【コース別】連対率TOP3(10走以上)

コース	連対率	連対数	出走数
新潟・芝1800m	30.0%	3	10
東京・芝1600m	20.0%	2	10
小倉・芝2000m	18.8%	3	16

④ダート【コース別】連対率TOP3(10走以上)

コース	連対率	連対数	出走数
中京・ダ1400m	30.0%	3	10
阪神・ダ1400m	23.5%	4	17
新潟・ダ1800m	18.2%	2	11

⑤芝【父馬別】連対率TOP3(15走以上)

父馬名	連対率	連対数	出走数
ハーツクライ	17.0%	8	47
キズナ	12.5%	3	24
ゴールドシップ	11.8%	2	17

⑥ダート【父馬別】連対率TOP3(10走以上)

父馬名	連対率	連対数	出走数
ハーツクライ	22.7%	10	44
キズナ	22.2%	6	27
ダイワメジャー	18.2%	4	22

母父即買いリスト10

スマートストライク

父ミスタープロスペクター・母の父スマーテン

●芝の新馬、道悪で複勝率、複回値ともに高い

カナダ産馬。デビューが3歳の4月と大幅に遅れたこともあり、現役時代の戦績は、ハッキリいって凡庸でした。デビュー戦2着の後は6連勝しますが、カナダ国内のレースが多く、重賞も2勝だけ。そのうちひとつは、GIとはいえマイナーな鞍でした。

しかし種牡馬としては、この競走成績からは想像ができないほどの大成功を収めます。「アメリカで最も万能な種牡馬」とうたわれ、産駒は距離やコースを問わない活躍ぶり。

ただ意外にも、産駒が最初に大きいレースを勝ったのは、日本でジャパンCダートに出走し、人気薄ながらアドマイヤドンを破ったフリートストリートダンサーでした。その4年後に北米の芝王者となったイングリッシュチャネル、さらにその2年後には北米王者として歴史的名馬となったカーリンを出して、不動の位置を築きます。2007、08年と連続して北米リーディングを獲得。

日本でもなじみのある産駒としては、共同通信杯を勝ったブレイクランアウトくらいですが、BMSとしては日本での成功例が豊富。北米でもケンタッキーダービー馬リッチストライクを出しました。

芝の新馬戦では複勝率36・1％、複勝回収値で151ですから見かけたら買っておくべきでしょう。また芝の重・不良では、勝ち鞍はないですが【0－3－6－13】で複勝率40・9％の高さです。

ダートでは距離や場は不問なのですが、意外にも3勝クラス以上になると【0－0－0－25】とまったく走れていません。

⑤の父馬別では、芝の連対率ではわずかにTOP3には届きませんが、ドゥラメンテとの相性は抜群。代表例はスターズオンアースですが、それだけではありません。【5－10－11－29】、複勝率は47・3％あり、複勝回収値は125です。**ドゥラメンテ×BMSスマートストライクはニックス**といえます（ダートでも連対率3位）。

これも表からは漏れましたが、芝ではオルフェーヴルとの成績も良くて、21走し3着以内8回、複勝率38・1％、複勝回収値は106です。

①スマートストライク・BMS期間内通算成績

1着	2着	3着	4着以下	連対率	複勝率
51	63	52	408	19.9%	28.9%

②BMSとしての代表馬

馬名	主要成績
スターズオンアース	桜花賞、オークス。有馬記念2着、大阪杯2着
ストロングリターン	安田記念1着、2着。京王杯スプリングC
エーポス	フィリーズレビュー。オープン1勝
レッドオーヴァル	桜花賞2着。オープン1勝
パライバトルマリン	関東オークス
カイザーミノル	オープン1勝

③芝【コース別】連対率TOP3（10走以上）

コース	連対率	連対数	出走数
阪神・芝1600m	28.6%	4	14
新潟・芝1800m	28.6%	4	14
福島・芝1200m	27.3%	3	11

④ダート【コース別】連対率TOP3（10走以上）

コース	連対率	連対数	出走数
中山・ダ1200m	28.6%	4	14
中京・ダ1800m	26.3%	5	19
東京・ダ1600m	20.0%	4	20

⑤芝【父馬別】連対率TOP3（10走以上）

父馬名	連対率	連対数	出走数
キズナ	36.4%	4	11
ハーツクライ	34.8%	8	23
ミッキーアイル	33.3%	4	12

⑥ダート【父馬別】連対率TOP3（15走以上）

父馬名	連対率	連対数	出走数
ダイワメジャー	42.9%	6	14
Kizuna	25.0%	3	12
ドゥラメンテ	25.0%	3	12

母父
即買いリスト
11

ゼンノロブロイ

父サンデーサイレンス・母の父マイニング

●中京・小倉の芝スプリント戦で大活躍！

現役時は青葉賞勝ちからダービー2着、秋には神戸新聞杯を勝ちますが、その後6連敗を喫します。しかし4歳秋の天皇賞、ジャパンC、有馬記念と3連勝。史上2頭目のグランドスラムを達成し、晩成型といえます。種牡馬としては、GI馬はオークスのサンテミリオンしか出せなかったのが意外ですが、重賞勝ち馬はコンスタントに出し続け、ダートでも活躍馬を多数出しています。

血統組成は父サンデーサイレンスに、母方はマイニング×フォーントリックというややマイナーなダート中距離配合となっていて、BMSとして日本でのJRA芝重賞勝ち馬が現状で3頭しかいないのは、その形質が伝わっているからかもしれません。

芝・ダートの総合で期間内に3200を超える出走回数がありながら、単勝回収値が76というのは実に優秀です。BMSとしての代表例を見ると、距離や芝・ダート適性については、自身の特徴を主張せずに、父馬の適性を引き出す傾向が強いようです。

芝では、③20走以上の連対率上位コースを見ると、意外にも1200mで好調。距離云々よりもスピードの持続力を伝えているのでしょう。なお、中京芝1200mの複勝回収値は200、小倉芝1200mの単勝回収値は298、複勝回収値は125もあり、人気薄でも狙いが立ちます。

また小倉は芝1800mでの複勝率が31・1％あります。ただ小倉2000mになると【1－1－0－38】と成績が急落するのが面白いところです。芝ではクラスは不問ですが、GIでは【0－0－0－15】と通用していません。

⑤⑥の父馬別成績を見ると、芝で40走以上の連対率2位のエピファネイアが、ダートでは【0－2－1－30】と苦戦。またビッグアーサーとは【0－0－0－19】と最悪です。

なおストームキャット系とは相性が良いようで、ヘニーヒューズとは106走して複勝回収値101、ドレフォンとは複勝回収値107で、馬券妙味ならこの2頭との組み合わせでしょう。

①ゼンノロブロイ・BMS期間内通算成績

1着	2着	3着	4着以下	連対率	複勝率
214	228	222	2615	13.5%	20.3%

②BMSとしての代表馬

馬名	主要成績
ディバインフォース	ステイヤーズS
アスクワイルドモア	京都新聞杯
イフェイオン	フェアリーS
ハイランドピーク	エルムS
メイショウテンスイ	オープン2勝

③芝【コース別】連対率TOP3（20走以上）

コース	連対率	連対数	出走数
中京・芝1200m	25.0%	6	24
阪神・芝1800m	25.0%	6	24
小倉・芝1200m	23.0%	20	87

④ダート【コース別】連対率TOP3（30走以上）

コース	連対率	連対数	出走数
東京・ダ2100m	29.4%	10	34
小倉・ダ1000m	20.0%	7	35
福島・ダ1700m	18.5%	10	54

⑤芝【父馬別】連対率TOP3（40走以上）

父馬名	連対率	連対数	出走数
マクフィ	24.4%	10	41
エピファネイア	24.4%	49	201
ドゥラメンテ	23.8%	10	42

⑥ダート【父馬別】連対率TOP3（15走以上）

父馬名	連対率	連対数	出走数
タイキシャトル	36.8%	7	19
ロジユニヴァース	33.3%	6	18
ダノンレジェンド	26.7%	4	15

母父即買いリスト 12

ディストーテッドヒューモア

父フォーティナイナー・母の父ダンチヒ

●新馬は苦手、未勝利に回って激走！

北米産。スマートストライク同様、現役としては二流、種牡馬としては一流というパターンです。

デビューは3歳2月と遅く、3歳時には重賞は勝てないまま。4歳でやっとGⅢに1勝、5歳でGⅡ2勝とGⅢ1勝を加えたものの、とうとうGⅠには手が届かず。引退後の種牡馬繋養が北米ではなく、オーストラリアだったことからも、さほど期待されていなかったことがうかがえます。

しかし、オーストラリアで供用された2年間の産駒93頭のうち、74頭が勝つという驚異の勝ち上がり率をマークしたことで評価が一変し、北米に買い戻されます。ほどなく送り出したのがケンタッキーダービーとプリークネスSを制したファニーサイド。以後は順調に成績を上げて、2007年には北米リーディングに昇っています。

BMSとしての例として挙げたのは国内で走った馬たちですが、北米では名馬を出し続けていて、種牡馬としても日本に産駒を送り込んでいる中距離の王者アロゲートや短距離路線の名馬プラクティカルジョーク、さらになんといっても香港の帝王ゴールデンシックスティの母の父でもあります。それを思うと、BMSとしての日本での成績は地味といえるかもしれません。

ただ大駒は出なくても、総合で期間内に620走もしながら単勝回収値は81で、これは優秀な部類。また芝の新馬戦では【0－1－4－18】と勝てない傾向があり、反対に芝の未勝利戦では【10－7－4－43】、単勝回収値170でこれは黙って買いのレベルです。

ダートの新馬戦では13走と少ないとはいえ1連対のみであり、芝・ダート合わせても新馬向きではないことが明確になっています。

④ダートでの連対率トップ3には、東京コースが2つ入っていますが、東京ダート全体に広げても【11－3－3－36】という勝ち切り方で、単勝回収値126、複勝回収値でも106。なお1位の中山1800mは、複勝回収値が高くて173。つまり東京では勝ち切り、中山1800mではヒモ穴の傾向にあります。

①ディストーテッドヒューモア・BMS期間内通算成績

1着	2着	3着	4着以下	連対率	複勝率
69	52	50	452	19.4%	27.4%

②BMSとしての代表馬

馬名	主要成績
モーニン	フェブラリーS、根岸S
スマイルカナ	ターコイズS、フェアリーS。桜花賞3着
サトノフェイバー	きさらぎ賞
レシプロケイト	オープン1勝
オールドベイリー	オープン1勝

③芝【コース別】連対率TOP3（10走以上）

コース	連対率	連対数	出走数
新潟・芝1800m	36.4%	4	11
中山・芝1600m	30.8%	4	13
中京・芝2000m	30.0%	3	10

④ダート【コース別】連対率TOP3（15走以上）

コース	連対率	連対数	出走数
中山・ダ1800m	31.8%	7	22
東京・ダ1400m	31.6%	6	19
東京・ダ1600m	25.9%	7	27

⑤芝【父馬別】連対率TOP3（15走以上）

父馬名	連対率	連対数	出走数
ディープインパクト	28.1%	18	64
ロゴタイプ	25.0%	4	16
キズナ	24.0%	6	25

⑥ダート【父馬別】連対率TOP3（10走以上）

父馬名	連対率	連対数	出走数
ゼンノロブロイ	50.0%	6	12
スパイツタウン	33.3%	5	15
キズナ	28.6%	4	14

母父
即買いリスト
13

トワイニング

父フォーティナイナー・母の父ネヴァーベンド

●母父としての代表馬は不在も、東京・阪神ダートで買い

北米産。3歳1月とデビューは遅めでしたが、そこからGⅡ2つを含む5連勝。1400mから1800mまで幅広く走りました。6戦目で2着に敗れ連勝が止まると、脚部不安のためそのまま引退。競走馬としては未完の大器だったといえるでしょう。

北米で種牡馬入りし、新種牡馬限定のランキングで6位と好スタートを切って注目され、1999年に日本が購買。02年に再び北米へ戻った後、オーストラリアとの間でシャトル供用されます。

同じフォーティナイナー系のエンドスウィープが日本で成功したことを受け、社台スタリオンステーションが購入し、04年から再度日本で供用されました。今回は、あくまで日本で供用されていたときに送り出した牝馬の子たちの成績が対象となります。

ただ種牡馬としては、日本ではフサイチアソートやセカンドテーブルなどの2歳重賞勝ち馬はいたものの、クラシックレベルの馬を出せずに終わり、唯一大物産駒といえたのはダートでのノンコノユメくらいでした。なお、血統的には近親にノーリーズンやヤマニンパラダイス、ヤマニンセラフィム、そしてジェンティルドンナの母の父ベルトリーニらがいる名門牝系に属します。

BMSとしては北米で重賞勝ち馬を3頭だけ、日本でも大物は出せていません。これは種牡馬成績と共通していて、スケールには乏しい血です。ただ、ダートでは非常に堅実でこれが売り。芝【5－3－4－125】で複勝率8・8%に対し、ダートでは【30－29－24－296】で同21・9%と大幅にアップ。単勝回収値133、複勝回収値は100あって、**BMSトワイニングはダートでこそ**と考えていいでしょう。

そのダートでの連対率は、④の3つのコースで優秀ですが、回収値としては東京ダート全般【6－7－4－56】で複勝回収値106、そして阪神が【6－2－3－42】で単勝回収値208、複勝回収値156です。ちなみに距離は不問。長めの直線を爆発力で追い込む競馬を得意とするタイプが目立ちます。

①トワイニング・BMS期間内通算成績

1着	2着	3着	4着以下	連対率	複勝率
35	32	28	421	13.0%	18.4%

②BMSとしての代表馬

馬名	主要成績
タイセイドレフォン	レパードS2着、オープン1勝
アイラブリリ	京阪杯2着。オープン1勝
ナガラオリオン	オープン1勝
ケイアイメープル	3勝クラス

③芝【コース別】連対率TOP3（7走以上）

コース	連対率	連対数	出走数
京都・芝1600m外	14.3%	1	7
福島・芝1200m	14.3%	1	7
函館・芝1200m	12.5%	1	8

④ダート【コース別】連対率TOP3（15走以上）

コース	連対率	連対数	出走数
福島・ダ1700m	23.5%	4	17
中京・ダ1200m	23.5%	4	17
東京・ダ1600m	22.7%	5	22

⑤芝【父馬別】連対率TOP3（10走以上）

父馬名	連対率	連対数	出走数
スクリーンヒーロー	11.1%	3	27
ブラックタイド	7.1%	1	14
ヴィクトワールピサ	5.3%	1	19

⑥ダート【父馬別】連対率TOP3（20走以上）

父馬名	連対率	連対数	出走数
ドレフォン	40.0%	8	20
ミッキーアイル	29.2%	7	24
ゴールドアリュール	27.3%	6	22

母父
即買いリスト
14

フォーティナイナー

父ミスタープロスペクター・母の父トムロルフ

●皐月賞馬エポカドーロなど出すも、消しどころがハッキリ

1985年に北米で生まれ、なんと35歳の長寿を誇って生命力の強さを見せた名馬でした。現役時は2歳で重賞を4連勝し、北米最優秀2歳牡馬に選ばれています。3歳時は同期のブライアンズタイム、シーキングザゴールドらと激闘を演じ、ケンタッキーダービーで2着、夏の大レース・トラヴァーズSを制し、GⅠを4勝して3歳いっぱいで引退。早熟気味の競走生活でした。

種牡馬としては、96年に北米リーディングに輝きます。前年の95年に日本軽種馬協会が購入していたこともあり、その後何度も買い戻しの話が来ましたが、輸入後は日本で種牡馬生活を全うしました。

しかし、数々のGⅠ馬を出した北米とは異なり、日本ではマイネルセレクトやアドマイヤホープなど交流のGⅠ馬こそ出したものの、芝・ダートともに、JRAのGⅠ勝ち馬を出すことはありませんでした。

BMSとしては、テイエムジンソクやティアップワイルドのようにダートでの活躍馬も出しましたが、日本では皐月賞馬エポカドーロを筆頭に、芝馬の活躍度合いが大きくなっているのも特徴です。

例として出した馬以外にもウインプリメーラやオースミスパークなどの芝重賞勝ち馬がいます。今後はBMSとしても減少の一途ですが、まだ当面は影響力を持ち続けていくでしょう。

さすがに芝では上級で通用しづらくなっていて、期間内では芝の3勝クラス以上が【0－3－0－31】と悪化。コース別では小倉芝が【0－0－2－32】、京都【0－0－1－15】と不振です。

距離では芝1200m以下が【0－3－2－53】、2000m以上は【0－2－7－72】でアタマが望めない数字。また重・不良も苦手で【0－1－0－21】です。芝でのBMSとしての狙いどころは、かなり限られてきます。

ダートでも、オープン以上は【0－2－0－23】で厳しくなっており、また東京ダートマイルでは【0－2－0－33】と苦戦。芝ほどではなくても、ダートでも消しどころはハッキリしてきています。

①フォーティナイナー・BMS期間内通算成績

1着	2着	3着	4着以下	連対率	複勝率
32	35	34	622	9.3%	14.0%

※日本繁養時のもののみ対象

②BMSとしての代表馬

馬名	主要成績
エポカドーロ	皐月賞、スプリングS。ダービー2着
テイエムジンソク	東海S、みやこS
マイスタイル	函館記念
ウインプリメーラ	京都金杯
ダノンヨーヨー	富士S。マイルCS2着

③芝【コース別】連対率TOP3（10走以上）

コース	連対率	連対数	出走数
東京・芝1400m	16.7%	2	12
中京・芝1600m	10.0%	1	10
東京・芝1600m	9.1%	1	11

④ダート【コース別】連対率TOP3（10走以上）

コース	連対率	連対数	出走数
函館・ダ1000m	45.5%	5	11
京都・ダ1800m	33.3%	4	12
中京・ダ1800m	22.2%	4	18

⑤芝【父馬別】連対率TOP3（10走以上）

父馬名	連対率	連対数	出走数
ドゥラメンテ	30.8%	4	13
キズナ	23.1%	3	13
キンシャサノキセキ	18.2%	2	11

⑥ダート【父馬別】連対率TOP3（10走以上）

父馬名	連対率	連対数	出走数
エスポワールシチー	25.0%	4	16
ディスクリートキャット	25.0%	4	16
パイロ	22.2%	6	27

母父即買いリスト
15

フレンチデピュティ

父デピュティミニスター・母の父ホールドユアピース

●ブラックタイド、ディープインパクト兄弟と相性抜群

北米産。２歳暮れにデビューしてからＧⅡ１勝を含む４連勝。その後２連敗して早々に引退しました。北米最優秀古牡馬となったレフトバンクを出した後、２００１年に社台グループが購入。オセアニアとのシャトル時期もありましたが、基本的に日本で種牡馬生活を送りました。デピュティミニスター系は決して枝葉を広く張っている父系とはいえませんが、その幹を担っている種牡馬です。

代表産駒クロフネ、そして最初に父の名をアピールしたノボジャックは北米時代の産駒で外国産馬でしたが、日本供用ではピンクカメオやレジネッタ、アドマイヤジュピタ、エイシンデピュティなどのＧⅠ馬をコンスタントに輩出。

またＢＭＳとしての偉大さはそれ以上といってよく、例として挙げた他にもトレイルブレイザー、マイネルホウオウやウリウリ、カラテ、ヨーホーレイクなど枚挙に暇がありません。ここ20年の日本供用のＢＭＳとしては屈指の存在だと思っています。

ただ種牡馬引退から数年経っている現在、ＢＭＳとしてのスケールは陰ってきており、芝重賞なら今夏のＣＢＣ賞を勝ったドロップオブライトのようにまだまだやれますが、芝ＧⅠとなると【０－０－１－30】と期間内は連対がありません。またダート重賞では【１－５－３－30】で勝ち切れなくなってきました。

芝でチェックしたいのは、連対率では左記の通りですが、回収値では新潟が２０９走して複勝回収値１００ジャスト、阪神では２７４走して単勝回収値１８７、複勝回収値１０１の高さであること。それから重・不良馬場では【18－11－19－１１１】、単勝回収値３３２、複勝回収値１３６もあります。

⑤芝の父馬ではＴＯＰ３から漏れましたが、ブラックタイド・ディープインパクト兄弟と相性が良く、ディープとは１２７走して22連対、単勝回収値１０８、ブラックタイドは56走して複勝回収値が１０５あります。反対に相性が低いのはオルフェーヴルで【１－３－３－58】です。

①フレンチデピュティ・BMS期間内通算成績

1着	2着	3着	4着以下	連対率	複勝率
328	331	340	3468	14.8%	22.4%

②BMSとしての代表馬

馬名	主要成績
マカヒキ	ダービー、弥生賞、京都大賞典、仏・ニエル賞他
ゴールドドリーム	フェブラリーS、チャンピオンズC、帝王賞他
ショウナンパンドラ	ジャパンC、秋華賞他
レインボーライン	天皇賞春他。菊花賞2着
レッドルゼル	天皇賞春他。菊花賞2着
マルシュロレーヌ	米・BCディスタフ、エンプレス杯他

③芝【コース別】連対率TOP3（30走以上）

コース	連対率	連対数	出走数
函館・芝1200m	24.2%	16	66
阪神・芝2000m	20.4%	10	49
中京・芝1400m	18.9%	7	37

④ダート【コース別】連対率TOP3（100走以上）

コース	連対率	連対数	出走数
新潟・ダ1800m	26.4%	37	140
中京・ダ1800m	20.5%	25	122
小倉・ダ1700m	18.3%	24	131

⑤芝【父馬別】連対率TOP3（40走以上）

父馬名	連対率	連対数	出走数
キズナ	25.0%	22	88
ゴールドシップ	23.9%	11	46
ハーツクライ	19.6%	18	92

⑥ダート【父馬別】連対率TOP3（20走以上）

父馬名	連対率	連対数	出走数
スクリーンヒーロー	37.0%	10	27
ヘニーヒューズ	34.5%	10	29
イスラボニータ	32.0%	8	25

★3章を読む前に……

前の２章では、「必ず買い・あるいは消し」という扱いやすいＢＭＳを取り上げましたが、ここではさらにＢＭＳとしての個体数が多くて大きな影響力を持ち、かつ国内供用されている種牡馬を対象とします。

ディープインパクトとキングカメハメハの現在の２大ＢＭＳを筆頭に（各８P)、影響度の大きさによって、ページの割り振りを変えてあります。４P、２Pものについては、50音順での掲載で、前記２頭を含め16頭を取り上げています。

取り上げるデータは、より詳細に分類しました。

第3章

ディープインパクト、キングカメハメハ…

母父データファイル 国内供用種牡馬編

母父データ国内編 01

ディープインパクト

父サンデーサイレンス・母の父アルザオ

●23年BMS1位も、春のクラシック勝ち馬がまだ出ていない……

父馬としてのディープインパクトは、その父サンデーサイレンスに匹敵、あるいは見方によっては超えたともいえる存在です。そしてBMSとしても、2023年はJRAの頂点に早くも立ちました。

日本にあふれているサンデー系の牝馬と配合できないことを考えると、それ以外の多くの父系との和合性が高いからこそ成し得たことですし、その点はさすがディープ。特に有力種牡馬の多いキングマンボ系との相性が悪くならなかったのは、とても大きいと思います。

しかし、BMSとしての代表例を見ると、筆者にはかなり意外かつ心配に思える点もあるのです。

というのは、お気づきの方もおられると思いますが、あくまで対象期間内においての話とはいえ、クラシック勝ち馬がキセキ1頭だけ、それも菊花賞という点。そしてオセアニアのある意味、特殊な条件下のGIを制したオオバンブルマイは別にして、それ以外のGI勝ちがエリザベス女王杯の2頭と、超早熟で終わりそうな2歳マイルのドルチェモアということです。

今後世代を重ねれば、春の牡牝クラシックの勝ち馬も出てくると思いますが、ここまでの芝でのBMSディープインパクトを見ると、ディープ最大の特徴だった切れよりも、パワーが強調されすぎてしまっているように思えてなりません。

もちろん、それが一番に要求される条件下ならGIレベルなのですが、そうならなかった場合には明らかに切れ負け、スピード負けしているケースが多いのです（キセキのジャパンC2着は、勝ったアーモンドアイを引っ張ってスーパーレコードを出した立役者ではあったのですが）。近いところでは、マスクトディーヴァの走りを思い出していただければ、わかりやすいのでは……。

●ディープ本来の瞬発力、スピードに欠ける現状

それでありながら、パワー強調といってもダートではほとんど

①ディープインパクト・BMSとしての代表馬

芝	キセキ（菊花賞。宝塚記念2着2回、ジャパンC2着、大阪杯2着）
	ジェラルディーナ（エリザベス女王杯、オールカマー）
	ブレイディヴェーグ（エリザベス女王杯）
	シュトルーヴェ（目黒記念、日経賞）
	ステラヴェローチェ（神戸新聞杯、サウジアラビアRC）
	オオバンブルマイ（アーリントンC、ゴールデンイーグル他）
ダート	ライトウォーリア（川崎記念）
	オンザライン、バグラダス、ボナンザなど

②BMS期間内通算成績

	1着	2着	3着	4着以下	連対率	複勝率
通算	684	674	664	6203	16.5%	24.6%
芝	527	479	470	4023	18.3%	26.8%
ダート	157	195	194	2180	12.9%	20.0%

※集計期間はいずれも2020年1月5日～24年7月21日。平地戦のみ

③芝【距離別】成績

	1着	2着	3着	4着以下	連対率	複勝率
芝1200m	67	59	52	594	16.3%	23.1%
芝1400m	40	23	37	387	12.9%	20.5%
芝1600m	118	91	94	798	19.0%	27.5%
芝1800m	113	116	100	819	19.9%	28.7%
芝2000m	108	103	128	835	18.0%	28.9%

④ダート【距離別】成績

	1着	2着	3着	4着以下	連対率	複勝率
ダ1200m	28	27	35	388	11.5%	18.8%
ダ1400m	22	30	32	354	11.9%	19.2%
ダ1600m	10	12	14	160	11.2%	18.4%
ダ1700m	20	24	30	315	11.3%	19.0%
ダ1800m	54	61	57	632	14.3%	21.4%

出世馬を出せていない点は見逃せません。ライトウォーリアだけが交流重賞戦線で活躍していますが、あとは現状、オープン特別が天井。

ということは、あくまで私見ですが、真の意味での持続力には欠けていて、それが芝でも2200m、2500m、3000mといった特殊な距離での重賞やGIでしか勝てない、あるいは根幹距離を勝ち切れない原因なのではないでしょうか。

ダートをこなす血の能力が母方に入った場合の効果は、第1章で詳しく説明した通りです。そこが乏しいうえに、父として発揮していた瞬発力やスピードが、1代挟んでBMSになったことで濾過されてしまったというイメージです。

その意味では、日本競馬の核であるディープインパクトの血がこの後、どのように残っていくのか。父系としてはともかく、母の父として成績が急上昇するようなことはあるのか（23年BMS1位の馬に対して矛盾した物言いですが）、とても興味深いものがあります。

●芝の〝傍流距離〟に馬券の買いどころがあった！

さて、ここからは具体的なデータの読み解きに移りましょう。

③芝【距離別】成績を見ると、どの距離でもだいたい同じようなパフォーマンスを示す数字となっていますが、唯一落ちているのが1400mです。

これは、先ほど述べた「持続力不足＝ダートでのBMS出世馬不在」とリンクします。芝1400mはダート血統との関連が最も強く、持続力を問われる距離。それを踏まえると納得できるものがあります。

その一方で、多くの出走数があるマイルから2000mで率を上げているのはもちろん評価していいでしょう。

ただ、③の範囲外の距離まで広げてみると、芝2600mが意外にも【11－15－8－100】と高く、連対率19・4％、複勝率25・4％。単勝回収値110、複勝回収値119もあります。

ご存知のように、この距離には重賞が組まれておらず、しかもローカル場である札幌、函館、福島、小倉の4つにしか存在しません。

およそディープに似つかわしくない傍流の舞台なのに、回収値の高さから人気薄が好走している点は、BMSとしては決して歓迎できないですが、こちらの馬券的にはかなり有効です。この距離での「母父ディープインパクト」は常に一考するようにしたいものです。

また3000m以上は【1－4－2－20】で、好走は多いものの勝ち切れなさが強まります。

⑤コース別【芝】連対率TOP5（90走以上）

	1着	2着	3着	4着以下	連対率	複勝率
京都・芝1800m	12	19	13	51	32.6%	46.3%
中京・芝2200m	12	13	6	59	27.8%	34.4%
中京・芝1600m	21	18	17	116	22.7%	32.6%
東京・芝1600m	33	30	29	191	22.3%	32.5%
東京・芝2400m	15	8	8	80	20.7%	27.9%

⑥コース別【ダート】連対率TOP5（50走以上）

	1着	2着	3着	4着以下	連対率	複勝率
中京・ダ1800m	10	14	12	106	16.9%	25.4%
東京・ダ2100m	2	11	4	65	15.9%	20.7%
阪神・ダ1800m	15	19	20	165	15.5%	24.7%
阪神・ダ1200m	9	4	7	67	14.9%	23.0%
新潟・ダ1200m	6	7	4	70	14.9%	19.5%

⑦芝【クラス別】成績

	1着	2着	3着	4着以下	連対率	複勝率
新馬戦	71	65	57	422	22.1%	31.4%
未勝利戦	174	152	158	1486	16.5%	24.6%
1勝クラス	126	109	114	1002	17.4%	25.8%
2勝クラス	62	47	51	331	22.2%	32.6%
3勝クラス	37	33	27	222	21.9%	30.4%
オープン特別	19	23	19	176	17.7%	25.7%
GⅡ＋GⅢ	35	44	34	290	19.6%	28.0%
GⅠ	3	6	10	94	8.0%	16.8%

⑧ダート【クラス別】成績

	1着	2着	3着	4着以下	連対率	複勝率
新馬戦	4	16	16	126	12.3%	22.2%
未勝利戦	66	75	92	1127	10.4%	17.1%
1勝クラス	54	60	52	583	15.2%	22.2%
2勝クラス	23	34	25	206	19.8%	28.5%
3勝クラス	9	10	9	87	16.5%	24.3%
オープン特別	1	0	0	42	2.3%	2.3%
GⅡ＋GⅢ	0	0	0	9	0%	0%
GⅠ	0	0	0	0	0%	0%

一方、④ダート【距離別】成績では、率はかなり平均化しますが、1800mが最多の出走数がありながら連対率と複勝率が最高です。ただし単勝回収値は49、複勝回収値は61で、人気通りの走りという印象となります。

なお、阪神にしかないダート2000mでは【1－6－3－37】、東京にしかないダート2100mは【2－11－4－65】と、この2つの特殊な距離では勝ち切れずに、ヒモ量産型となる傾向があります。

●得意コースの双璧は京都芝1800m、東京芝1600m

⑤芝のコース別の成績では、これはディープ自身の産駒成績ともリンクするところなのですが、京都の1800mが突出してよく、複勝率は5割に迫ります。これは黙って買いのレベル。

また回収値では東京1600mが単勝116、複勝100となっています。300走近い出走があって、しかもある程度人気薄でも連対圏に来ていることになります。

⑥のダートでは、連対率上位5つのコースでもだいたい15％前後、複勝率は25％以下ということで、水準レベルに収まっていることがわかります。

●狙うべき新馬戦と軽視していいGⅠ

⑦⑧のクラス別成績を見ると、どのクラスでも大きな落ち込みがなく成績を残しているのはさすがといったところ。

なお、芝の新馬戦は場別で見た場合に突出したデータがあり、札幌で【8－3－6－14】の複勝率54・8％、函館も【6－1－4－13】で複勝率45・8％の高さ。洋芝適性と仕上がりの早さが如実に見えています。

またGⅠでの勝利の少なさは前に述べた通りですが、2000mGⅠでは【0－2－3－20】、2400+2500mのGⅠでは【0－0－2－21】となるのは、軽視のポイントとして覚えておきたいところです。

ダートのクラス別では、新馬戦の1着の少なさと2、3着の多さがとても印象的です。母父ディープのダート新馬戦でのヒモ作戦は、かなり有効だと思います。

そして3勝クラスまでは安定の数字でも、オープンになると途端にあり得ないほど？　急落するのも特徴で、消しの一手といえそうです。

●キングカメハメハ系以外のニックスを探せ！

⑨芝の父馬別成績では、上位5頭はキングカメハメハ系種牡馬とロベルト系種牡馬に二分されます。

そもそも本尊のキングカメハメハ×BMSディープが複勝率36・4％と高いのですが、キングカメハメハはもうこの世にいな

⑨父馬別【芝】連対率TOP5（250走以上）

	1着	2着	3着	4着以下	連対率	複勝率
キングカメハメハ	35	36	27	171	26.4%	36.4%
モーリス	66	63	57	363	23.5%	33.9%
ロードカナロア	90	56	57	457	22.1%	30.8%
ルーラーシップ	63	46	44	383	20.3%	28.5%
エピファネイア	42	60	48	375	19.4%	28.6%

⑩父馬別・ダート連対率TOP5（100走以上）

	1着	2着	3着	4着以下	連対率	複勝率
ヘニーヒューズ	11	19	7	70	28.0%	34.6%
ドレフォン	18	21	25	131	20.0%	32.8%
エピファネイア	4	14	11	97	14.3%	23.0%
ロードカナロア	12	9	10	204	8.9%	13.7%
ルーラーシップ	4	8	14	152	6.7%	14.6%

⑪年齢別成績

	1着	2着	3着	4着以下	連対率	複勝率
2歳	146	139	134	911	6.0%	9.6%
3歳	329	320	337	3200	21.4%	31.5%
4歳	150	130	113	1083	15.5%	23.6%
5歳	44	62	60	706	19.0%	26.6%
6歳	12	21	17	228	12.2%	19.0%
7歳以上	3	2	3	75	6.0%	9.6%

⑫前走・上位着順時【次走】成績

芝	1着	2着	3着	4着以下	連対率	複勝率
芝・前走1着	73	69	65	311	27.4%	40.0%
芝・前走2着	101	74	62	225	37.9%	51.3%
芝・前走3着	69	65	60	249	30.2%	43.8%
ダート	1着	2着	3着	4着以下	連対率	複勝率
ダ・前走1着	13	10	15	126	14.0%	23.2%
ダ・前走2着	36	39	23	102	37.5%	49.0%
ダ・前走3着	24	25	28	126	24.1%	37.9%

いので、同配合がどんどん少なくなるのは残念のひとこと。

その分、キンカメ第2世代のロードカナロア、ルーラーシップが後継となっているのは心強いところです。なお、ロードカナロアとは単勝回収値が103あります。

ダートでの成績の低さは再三指摘してきましたが、狙いどころは⑩父馬別成績から見えてきます。

ストームキャット系の現2大巨頭、ヘニーヒューズとドレフォンとの配合なら複勝率が30％を超えますし、ヘニーヒューズについては単勝回収値140、複勝回収値97の高さとなっていて、馬券妙味も高めです。

なおダートにおいては、ルーラーシップが3着が多く、ヒモまでが賢明。また、ダートでの相性の悪い配合としてはマクフィ×ディープが【0－2－2－54】、サトノクラウン×ディープが【0－0－2－39】となっています。

さらに、BMSディープにキングカメハメハ系以外のニックスがないかどうかをチェックしてみました。

すべて芝となりますが、まずブリックスアンドモルタルが12頭のうち6頭が勝ち上がり、連対率でも3割超え、複勝回収値154。そしてこれもキングカメハメハ系ですがミッキーロケットが5頭のうち4頭勝ち上がっています。同系の中ではマイナーともいえる存在だけに、これは特筆モノ。

また芝でありながら、ディスクリートキャットが6頭中3頭勝利、同じストームキャット系のアジアエクスプレスが5頭中4頭勝利となっています。

意外なところでは、出走数がまだ3頭のファインニードルとの配合が【3－2－2－3】とかなりの安定度。BMSディープの活路というか光は、このあたりにあるのかもしれません。

なお、ディスクリートキャットやドレフォンのように、ダート寄り父系の種牡馬とも、芝で結果を出しているのも興味深いところです。

●前走着順を調べてみたら“お宝”発見！

⑪年齢では、高齢になるほど成績が下がるのは当然として、6歳と7歳以上の差がかなり大きく、BMSディープであっても連対率が半減してしまいます。勝ち鞍も2つだけ。
最後に⑫前走着順との関係でも面白い事実が見つかりました。芝で前走1着馬、つまり大半が昇級戦となるわけですが、そこでの複勝率が40％もあるのです。これは芝での全複勝率の1・5倍の数値です。

ダートでは、さすがにクラスが上がると複勝率は23・2％と並みになってしまいますが、前走2着馬なら連対率37・5％、複勝

2～7歳の長きに渡ってターフを駆け抜けたキセキ。GⅠ（重賞）では、2017年菊花賞の1勝のみだったが、2、3着での健闘が目立った。特に2017年のジャパンCで逃げての2着は、勝ったアーモンドアイが日本レコードを大幅に更新する結果となった。父はルーラーシップ、母はブリッツフィナーレ（母父ディープインパクト、母母ロンドンブリッジ）。

率はなんと49・0％。狙いの難しい母父ディープのダートですが、前走2着馬は人気になることが多いものの、逆らわず狙い撃ちしたいところです。

ここまで見てみると、父ディープインパクトの万能さ、優秀さと違って、母父のディープインパクトはかなり個性的であり、自己主張が強くなることがわかります。

父として伝えるものと、母方の祖父として伝えるものが大きく異なることは、このデータを見るとさらに実感していただけることと思います。

母父
データ国内編
02

キングカメハメハ

父キングマンボ・母の父ラストタイクーン

●現役時代の無双の強さは種牡馬、BMSとしても開花した

現役の競走馬としては、「未完の大器」という言葉がこれほど当てはまる存在はなかったと思います。新馬戦勝ちの時点で、すでに松田国調教師が「ダービーを勝たせなければいけない馬」とコメントした能力は、凄まじいレベルだったのでしょう。

唯一の敗戦は3歳初戦の京成杯だけ。勝負どころで幼さを見せてしまったことと、あえて書くならバルジュー騎手のリカバーが上手くいかなかったことが重なっての3着でしたが、それ以降はまた連勝街道を走りました。

京成杯で負けたことから中山二千を避け、皐月賞には出ませんでしたが、もし出ていたらおそらく勝っていたでしょう。

史上屈指の激闘となったダービーでハーツクライ以下を突き放し、秋は神戸新聞杯を勝った後、天皇賞秋へ向かう直前に脚部不安のため引退。余談になりますが、未完成が原因で前哨戦を取りこぼし、ダービーで完勝したものの、脚元の病により志半ばで終わったという戦歴は、自身の産駒のドゥラメンテとかなり重なるものがあります。

同期のハーツクライ、その直後にディープインパクトが現れながらも、超一流の種牡馬成績を収めたのは並外れたポテンシャルあればこそだし、BMSとしても例に挙げたように幾多の名馬を輩出しました。

スペースの都合でやむなく①の代表例に載せられなかった馬としては、デニムアンドルビー、アカイトリノムスメ、ステイフーリッシュ、ローシャムパーク、イルーシヴパンサー、イズジョーノキセキ……などキリがありません。

もちろん、サンデーサイレンスの血を一滴も持たない血統なので、ディープをはじめとする優秀なサンデー系種牡馬とBMSになりやすかったというのは大きな利点でした。

父としてのキングカメハメハと、母の父としてのキングカメハメハを比べると、遺伝させた特性は共通しているように個人的に

①キングカメハメハ・BMSとしての代表馬

芝	デアリングタクト（牝馬三冠）
	ワグネリアン（ダービー、神戸新聞杯他）
	ブラストワンピース（有馬記念、札幌記念他）
	インディチャンプ（安田記念、マイルCS、マイラーズC他）
	ソダシ（桜花賞、阪神JF、ヴィクトリアM他）
	ジオグリフ（皐月賞他）、ママコチャ（スプリンターズS）
	チェルヴィニア（オークス、アルテミスS）
ダート	ウシュバテソーロ（ドバイワールドC、東京大賞典2回他）
	クラウンプライド（海外重賞2勝、チャンピオンズC2着）
	リメイク（カペラS他）、ミッキーヌチバナ、バトルクライ

②BMS期間内通算成績

	1着	2着	3着	4着以下	連対率	複勝率
通算	734	696	676	6573	16.5%	24.3%
芝	360	398	368	3468	16.5%	24.5%
ダート	374	298	308	3105	16.5%	24.0%

③芝【距離別】成績

	1着	2着	3着	4着以下	連対率	複勝率
芝1200m	28	50	40	568	11.4%	17.2%
芝1400m	26	29	25	299	14.5%	21.1%
芝1600m	70	69	56	681	15.9%	22.3%
芝1800m	93	82	96	703	18.0%	27.8%
芝2000m	82	100	88	732	18.2%	26.9%

④ダート【距離別】成績

	1着	2着	3着	4着以下	連対率	複勝率
ダ1200m	61	47	55	565	14.8%	22.4%
ダ1400m	52	49	45	507	15.5%	22.4%
ダ1600m	21	24	25	207	16.2%	25.3%
ダ1700m	46	38	44	427	15.1%	23.1%
ダ1800m	130	80	91	942	16.9%	24.2%

は思っています。瞬発力ももちろん一級品ではありますが、これに持続力を高い次元で補い、しかも欧州血統らしいパワーを兼備しました。

これが先述したディープインパクトには少し足りなかった部分であり、芝のタフな馬場や展開、芝の小回りコースにおいてはディープの上に行き、産駒や孫がGIを多数勝てる理由だと感じています。

それだからこそ、ダートにおいても頂点を占めた産駒を何頭も出せたし、BMSとしてもウシュバテソーロやクラウンプライド、リメイクのような馬を出せたのでしょう。

●BMSとしてはディープを凌ぐ成績も、芝短距離に弱点が

芝の距離別データの③に目を移すと、唯一の弱点らしい弱点といえるのは、BMSとしては芝の短距離になるほど率が下がること。それでも水準レベルにはあるのですが、1200mになると勝率は2000mより約4ポイント下がり、複勝率は10ポイント近くも下がります。

なお表の対象外となる2400mでは連対率19・0%、複勝率27・4%もあります。このへんは、クラシックディスタンスに弱点を抱えているBMSディープインパクトとは対照的ですし、裏を返せばBMSディープの大舞台での勝ち鞍の少なさは、BMSキングカメハメハの壁にぶつかっているからということなのかもしれません。

なお3000m以上となると【1-1-0-15】で、出走数が少ないとはいえ苦戦気味。スタミナというよりはパワー型なので、その点は分けて考えたほうがいいのでしょう。筋骨隆々のレスラータイプが長距離に強いかどうかは別ということです。

なお芝1200mでは面白い傾向があって、阪神では【3-11-6-51】と好走は多いですが極端なヒモ量産型となり、また新潟【0-1-0-38】、札幌【0-1-3-40】と苦手傾向が出ています。

④のダートの距離別は見事に平均化していて、距離による率の上下幅はかなり小さくなっています。芝では苦手だった短距離もダートなら遜色なく、1200mでの単勝回収値は119もあります。

また対象外の距離では、さらに短い1000mでも【15-11-11-98】で複勝率27・4%、またレース数の少ない2400mでは【7-6-4-24】で複勝率41・5%、単勝回収値170、複勝回収値121という、かなりの好成績となっています。

●新潟直線競馬でも無類の強さを発揮

⑤のコース別成績では、芝で50走以上あるコースを対象にする

⑤コース別【芝】連対率TOP5（50走以上）

	1着	2着	3着	4着以下	連対率	複勝率
札幌・芝1800m	12	5	2	40	28.8%	32.2%
阪神・芝2000m	14	17	10	81	25.4%	33.6%
函館・芝1800m	8	9	7	43	25.4%	35.8%
東京・芝1800m	24	19	18	117	24.2%	34.3%
東京・芝2400m	14	10	7	76	22.4%	29.0%

⑥コース別【ダート】連対率TOP5（30走以上）

	1着	2着	3着	4着以下	連対率	複勝率
阪神・ダ2000m	7	4	0	30	26.8%	26.8%
東京・ダ1300m	5	7	6	34	23.1%	34.6%
札幌・ダ1000m	4	3	2	24	21.2%	27.3%
新潟・ダ1800m	20	17	16	125	20.8%	29.8%
東京・ダ2100m	14	15	11	103	20.3%	28.0%

⑦芝【クラス別】成績

	1着	2着	3着	4着以下	連対率	複勝率
新馬戦	40	46	44	389	16.6%	25.0%
未勝利戦	107	136	125	1295	14.6%	22.1%
1勝クラス	97	93	90	730	18.8%	27.7%
2勝クラス	53	47	45	370	19.4%	28.2%
3勝クラス	22	28	18	212	17.9%	24.3%
オープン特別	10	17	10	131	16.1%	22.0%
GⅡ+GⅢ	21	22	28	246	13.6%	22.4%
GⅠ	10	9	8	95	15.6%	22.1%

⑧ダート【クラス別】成績

	1着	2着	3着	4着以下	連対率	複勝率
新馬戦	24	12	15	173	16.1%	22.8%
未勝利戦	137	103	91	1217	15.5%	21.4%
1勝クラス	120	98	112	872	18.1%	27.5%
2勝クラス	53	49	48	479	16.2%	23.8%
3勝クラス	21	24	21	223	15.6%	22.8%
オープン特別	16	8	16	105	16.6%	27.6%
GⅡ+GⅢ	3	3	3	31	15.0%	22.5%
GⅠ	0	1	2	5	12.5%	37.5%

と、第5位でも連対率は2割を超え、複勝率もほぼ3割をキープしています。

ランキング1位の札幌1800mでは単勝回収値120、2位の阪神2000mでは同144、5位の東京2400mでも同107あり、人気薄でも勝ち切る例が少なくないことがわかります。ただ、この5つのコース、面白いことに大半はローカル競馬場や内回りのコーナー4つのコースであり、広いコースは東京だけとなっています。

芝において、出走回数に満たなかったコースで成績が高いのは新潟2200m（これも内回り）で【5－1－5－13】、しかしたった1F短いだけの新潟2000mの内回りでは【1－2－3－34】と凡庸以下の成績に下がります。

これは推測ですが、新潟の内回り2000mは主に未勝利戦で使われることが多いので、母父キンカメながら勝ち上がれないうえにローカルへ回ることを余儀なくされているということは、脚元などに問題を抱えているというケースも少なくないのではないでしょうか。

そして直線1000mでは【6－6－5－32】、複勝率34・7％、複勝回収値135の高さ。単純なスピードではなく「どれだけもたせられるか」というダート寄りのパワーが焦点となる直線競馬で走るあたり、先に述べたBMSキングカメハメハの特徴を裏付けていると思います。

●ダートで〝傍流距離〟が浮上する理由は……

⑥の期間内30走以上を対象としたダートでは、1位の阪神2000mが単勝回収値160、2位の東京1300mが複勝回収値115。面白いことに、距離で見るとトップ5のうち4つは、ダートでの傍流距離設定のコースとなっています。
主流となると、やはりBMSミスタープロスペクター系やBMSストームキャット系などの馬に譲るということなのかもしれませんし、何より自身の直接の産駒たちが多くいるわけですから、それらが苦手としているところで数字を伸ばすのは当然ではあります。

●芝GⅠ、重賞で目を見張る安定感

⑦⑧のクラス別で見ると、芝もダートも驚くほどムラがありません。芝では、新馬戦で単勝回収値が104あります。新馬戦はダートでも単勝回収値141あって、意外と早期完成、かつ人気薄でも要注意、
そして他のBMSでは及ばない最大の長所は、芝重賞での安定度です。さらにGⅠでの19連対も見事です。

ダートでは芝と違いGⅠでは未勝利、2着1回だけですが、8

⑨父馬別【芝】連対率TOP5（40走以上）

	1着	2着	3着	4着以下	連対率	複勝率
クロフネ	13	4	3	21	41.5%	48.8%
ディープインパクト	38	35	22	165	28.1%	36.5%
リアルスティール	5	8	7	31	25.5%	39.2%
キタサンブラック	16	14	13	75	25.4%	36.4%
ブリックスアンドモルタル	6	5	5	28	25.0%	36.4%

⑩父馬別・ダート連対率TOP5（30走以上）

	1着	2着	3着	4着以下	連対率	複勝率
コパノリッキー	8	4	2	19	36.4%	42.4%
デクラレーションオブウォー	5	6	2	22	31.4%	37.1%
キタサンブラック	9	5	9	24	29.8%	48.9%
ヘニーヒューズ	30	19	12	118	27.4%	34.1%
リアルスティール	5	3	8	15	25.8%	51.6%

⑪年齢別成績

	1着	2着	3着	4着以下	連対率	複勝率
2歳	131	116	120	1121	16.6%	24.7%
3歳	367	325	291	2925	17.7%	25.2%
4歳	156	162	149	1171	19.4%	28.5%
5歳	62	68	70	833	12.6%	19.4%
6歳	14	21	36	394	7.5%	15.3%
7歳以上	4	4	10	129	5.4%	12.2%

⑫前走・上位着順時【次走】成績

芝	1着	2着	3着	4着以下	連対率	複勝率
芝・前走1着	51	43	36	259	24.2%	33.4%
芝・前走2着	67	59	45	217	32.5%	44.1%
芝・前走3着	51	52	51	206	28.6%	42.8%
ダート	1着	2着	3着	4着以下	連対率	複勝率
ダ・前走1着	42	32	34	253	20.5%	29.9%
ダ・前走2着	74	63	40	132	44.3%	57.3%
ダ・前走3着	73	31	35	166	34.1%	45.6%

回の出走で3着以内3回ですから、安定はしています。サンプルが増えていくとどうなるかはとても興味深いところですが、個人的にはここまでのBMS代表例を見れば、低空飛行とは考えづらいです。

●芝のクロフネはニックス、父リアルスティールも走る!

⑨芝の父馬別データへ移りましょう。

驚くべきはクロフネとの好相性で、ご覧のようになんと連対率で4割超え。複勝率の4割でも素晴らしいのに、連対率での4割台は驚異的です。クロフネ×BMSキングカメハメハはニックス認定していいでしょう。

また馬券の妙味ならリアルスティールとの配合で、単勝回収値303、複勝回収値116に達しています。これはまだあまりバレていない相性だと思うので覚えておきましょう。

その他では、キタサンブラックと【16－14－13－75】で複勝率36・4%、ブリックスアンドモルタルとは【6－5－5－28】で複勝率が同じ数字、複勝回収値は148に達しています。

また、シルバーステートとの相性が連軸複軸としてはとても良く、【5－12－18－52】で複勝率40・2%もあります。

反対に、芝で不振なのはカレンブラックヒル【0－4－0－38】、アルアイン【0－0－1－21】あたり。そういえば、カレンブラックヒルの父ダイワメジャーとも【9－9－0－105】で、決して不振とはいえませんが、3着ゼロという極めて特殊な着度成績を示しています。

また、ゴールドシップとは芝で76走して4連対だけ、連対率で5・3%しかありません。

●ダートでの注目は父オルフェーヴル

⑩のダートでは、TOP5のうち、コパノリッキー、キタサンブラック、リアルスティールはその複勝率の高さからニックス認定したいです。キタサンとリアルは芝でも高率でしたから、完全にそうなのでしょう。

TOP5から漏れた種牡馬では、ドレフォンが【25－11－9－116】で勝ち切りがとても多く、単勝回収値は110もあります。またダノンレジェンドは【11－5－13－48】で、複勝率37・7%、単勝回収値182。

そしてウシュバテソーロとの配合となるオルフェーヴルとは【13－8－10－75】で、100走を超えていながら単勝回収値は321、複勝回収値も109あります。

反対にダートで不振なのはミッキーアイル【1－5－1－42】、ハービンジャー【2－1－1－62】などです。

●ただ、意外性ではBMSディープインパクトに見劣る?

丸ごと金子真人オーナーゆかりの血統の結晶ともいえる、白毛のプリンセス、ソダシ。父はクロフネ、母はブチコ（母父キングカメハメハ、母母シラユキヒメ）。

年齢による落ち込みも自然な低下で、息は長め。また芝でのBMSキンカメは前走1、2、3着馬の連対率、複勝率ではすべてBMSディープインパクトに譲るものの、ダートは逆に両方の率でBMSディープの上に行っています。

このようにBMSとしての万能性が光るキングカメハメハですが、BMSディープインパクトの場合は、配合馬が例えばタリスマニックやケープブランコ、あるいはそこまでいかずともラブリーデイやディスクリートキャットのような、成績が今ひとつの種牡馬の産駒を、下級条件とはいえ光らせるケースが多々あります。

BMSキングカメハメハにはそうした意外性はまだあまり感じられません。優秀な種牡馬が牝馬産駒の配合相手に集まってくるからということはあるにしても、ある程度常識にかかってくるタイプであり、ディープのような爆発力や意外性、あるいはやや力量の劣る種牡馬の血を活性化するエネルギーには乏しいのかもしれません。

このへんが備わってくると、馬券的にはさらに魅力的なBMSとなるはずです。

母父データ国内編 03

アグネスタキオン

父サンデーサイレンス・母の父ロイヤルスキー

●BMSとしてはまだ芝の大物が出ていない

現役時は4戦無敗、皐月賞を圧勝した後に脚部不安を発症し、早々に引退となりました。果たして距離に限界があったのか、苦手な条件はあったのか、答えは永遠に出ませんが……。

サンデーサイレンスの後継としては、フジキセキ同様、早い時期に種牡馬入りとなり、大きな期待を集めていました。父馬としても史上屈指の名牝ダイワスカーレット、ダービー馬ディープスカイなどを出していますから、期待にたがわぬ成功を収めたといってもいいでしょう。

しかしBMSとしての成績を見ると、名前を挙げた馬以外にも、エイティーンガール、アクティブミノル、ホウオウアマゾンらのJRA重賞勝ち馬がいるものの、残念ながら芝での大物が出ていません。

これは不思議なところで、あのダイワスカーレットにしても、繁殖牝馬としてはB級で終わってしまいました。その理由は判然とはしませんが……。

●ダート1700m戦で一考せよ

②の総合成績を見ると、芝とダートで率がほとんど同じであることがわかります。芝とダートが近い数値になる種牡馬は珍しくありませんが、ここまで接近するのは珍しい。

ダートGI勝ち馬が2頭いることからも、BMSとしてはむしろダート適性で健闘していることになります。これは、アグネスタキオンの母の父ロイヤルスキーの影響が、隔世で強く出ているのだと推測します。

③芝の距離別成績は、率では距離不問。ただ短距離のほうが回収値の高い区分が目立ちます。1200mは複勝回収値101、1400mは単勝回収値が113もあります。

④のダートでは、中距離の率が上がるのが特徴。特に1700mでは複勝率が3割に近くなり、回収値も単勝106、複勝が108と高い。この複勝回収値の高さは注目に値します。

①アグネスタキオン・BMSとしての代表馬

ノンコノユメ（フェブラリーS、ジャパンダートダービー他。ＧⅠ２着５回）
ワイドファラオ（ニュージーランドT、ユニコーンS、かしわ記念）
ルミナスウォリアー（函館記念）
ホウオウエミーズ（福島記念）
オメガレインボー（オープン2勝）
サトノウィザード（オープン1勝）
タガノクリスタル、ハッピーグリン他

②BMS期間内通算成績

	1着	2着	3着	4着以下	連対率	複勝率
通算	385	442	416	4836	13.6%	20.4%
芝	180	203	185	2209	13.8%	20.5%
ダート	205	239	231	2627	13.4%	20.4%

③芝【距離別】成績

	1着	2着	3着	4着以下	連対率	複勝率
芝1200m	28	34	36	378	13.0%	20.6%
芝1400m	16	10	13	221	10.0%	15.0%
芝1600m	39	50	40	437	15.7%	22.8%
芝1800m	41	52	28	468	15.8%	20.5%
芝2000m	32	37	49	426	12.7%	21.7%

④ダート【距離別】成績

	1着	2着	3着	4着以下	連対率	複勝率
ダ1200m	38	39	46	502	12.3%	19.7%
ダ1400m	29	35	34	434	12.0%	18.4%
ダ1600m	14	16	14	230	10.9%	16.1%
ダ1700m	40	42	45	324	18.2%	28.2%
ダ1800m	57	84	63	789	14.2%	20.5%

450走前後の出走回数がありながら、複勝が単勝を上回るというのは珍しく、いかに人気薄が馬券に絡んでいるかの証明だからです。

なおダートでは距離が長くなると不振で、2100mは【1－3－5－57】、2400mは【1－1－0－24】に留まります。

●ローカル得意で芝は小倉、ダートは福島

⑤芝のコース別TOP3では小倉2600mと異色のコースが1位となっています。複勝率36・7％はかなりの高さ。そもそもBMSアグネスタキオンは小倉の芝を得意としていて、全体で期間内に371走して複勝率25・6％、複勝回収値も113あります。

逆にいうと、マイナーコースで好成績という特性こそが、芝の大物を出せない理由なのかもしれません。

⑥ダートの連対率順では函館1700mがトップ。ただ面白いことに、5勝に対し2着14回とヒモ量産での1位となっています。

さらに興味深いのは、5勝しかしていないのに単勝回収値が102もあって、複勝回収値も104。函館ダート1700mでのBMSアグネスタキオンは、穴として狙いが立ちます。

また福島ダート1700mでは単勝回収値が170と突出して高く、複勝も104をキープしています。

そして芝同様、そもそも福島ダート全体を得意としていて、【20－11－21－132】で複勝率は28・3％、単勝回収値123、複勝回収値103となっているのです。芝で小倉、ダートで福島という、BMSアグネスタキオンのわかりやすい狙いどころが浮かび上がってきました。

●芝は父キングカメハメハ系、ダートは父マジェスティックウォリアー

⑦⑧のクラス別を見ると、芝では大きな落ち込みは見られないものの、GⅠでは通用しづらくなっていることが顕著です。また表ではGⅡとGⅢをまとめていますが、GⅡだけにすると【0－4－2－34】となっていて、GⅡまで上がると勝ち切れなくなっているのです。

一方、ダートに目を移すと、オープン特別ではまずまずの成績ですが、重賞になると厳しくなっています。ノンコノユメやワイドファラオをBMSとして出していた頃と比べると、近年は衰えが見え始めているのでしょう。

⑨⑩の父馬別成績では、芝の1位と2位がともにキングカメハメハ系で相性の良さが出ています。一方、ダートではマジェスティックウォリアーとの率が高く、複勝率は34・1％。

なお出走回数を満たさないためランク外となりましたが、ダノンレジェンドは【5－6－2－15】で、5勝を3頭の産駒でマークしています。この配合は見かけたら要チェックです。

⑤コース別【芝】連対率TOP3（20走以上）

	1着	2着	3着	4着以下	連対率	複勝率
小倉・芝2600m	3	4	4	19	23.3%	36.7%
京都・芝1600m内	2	6	1	26	22.9%	25.7%
中山・芝1800m	8	10	5	66	20.2%	25.8%

⑥コース別【ダート】連対率TOP3（70走以上）

	1着	2着	3着	4着以下	連対率	複勝率
函館・ダ1700m	5	14	4	48	26.8%	32.4%
中京・ダ1800m	15	16	5	130	18.7%	21.7%
福島・ダ1700m	12	8	15	77	17.9%	31.3%

⑦芝【クラス別】成績

	1着	2着	3着	4着以下	連対率	複勝率
新馬戦	22	21	15	235	14.7%	19.8%
未勝利戦	51	62	60	764	12.1%	18.5%
1勝クラス	47	57	52	546	14.8%	22.2%
2勝クラス	31	21	27	275	14.7%	22.3%
3勝クラス	16	18	13	124	19.9%	27.5%
オープン特別	7	11	9	114	12.8%	19.1%
GⅡ＋GⅢ	6	13	9	130	12.0%	17.7%
GⅠ	0	0	0	21	0	0

⑧ダート【クラス別】成績

	1着	2着	3着	4着以下	連対率	複勝率
新馬戦	10	9	15	133	11.4%	20.4%
未勝利戦	86	112	90	1009	15.3%	22.2%
1勝クラス	67	70	80	809	13.4%	21.2%
2勝クラス	29	32	28	416	12.1%	17.6%
3勝クラス	8	10	12	181	8.5%	14.2%
オープン特別	5	5	2	58	14.3%	17.1%
GⅡ＋GⅢ	0	1	4	18	4.3%	21.7%
GⅠ	0	0	0	3	0	0

⑨父馬別【芝】連対率TOP3（80走以上）

	1着	2着	3着	4着以下	連対率	複勝率
キングカメハメハ	7	11	6	59	21.7%	28.9%
ロードカナロア	23	25	18	158	21.4%	29.5%
エピファネイア	21	22	24	177	17.6%	27.5%

⑩父馬別【ダート】連対率TOP3（100走以上）

	1着	2着	3着	4着以下	連対率	複勝率
マジェスティックウォリアー	13	19	13	87	24.2%	34.1%
ヘニーヒューズ	14	26	20	150	19.0%	28.6%
ルーラーシップ	18	16	16	151	16.9%	24.9%

母父データ国内編 04

クロフネ

父フレンチデピュティ・母の父クラシックアゴーゴー

●父ではなくBMSとしての可能性が高い理由

芝・ダートでともにGIを制し、日本最強のダート馬という評価もあるほどですが、クロフネの場合はパワーにモノをいわせるダート馬の通常タイプではなく、スピードで圧倒した異才でした。だから、産駒も活躍馬の大半は芝馬であり、JRAでのダート重賞の勝ち馬は2頭しかいないのです。

さらに、牝馬の産駒が牡馬より圧倒的に走っており、牡馬はフサイチリシャールやクラリティスカイくらい。つまり、種牡馬系としての存続が風前の灯火であり、2024年現在はテイエムジンソクだけが種牡馬入りしている産駒というありさまです。だから反対にBMSとしての可能性は高いといえるでしょう。

母の父としての活躍ぶりは、①代表例に挙げた以外にもシャイニングレイ、ハヤヤッコ、リオンリオン、プラダリアらが重賞を複数勝っており、またスルーセブンシーズが宝塚記念2着、ガイアフォースは芝・ダート両方を股にかけて活躍しています。

●マイルのイメージをくつがえす、2400mでの好成績

③芝の距離別成績では、1600m以上になると複勝率が20%を超えていき、連対率も15%前後をキープするようになります。

また掲載した距離の区分外となりますが、2400mでは【10−6−4−59】で複勝率は25.3%。活躍馬を見ればわかるように、BMSクロフネは意外と距離がもつのです。

ただ3000m以上となると【0−0−1−9】であり、2600mまでが持ち場となります。

④のダートでは複勝率には波がありませんが、連対率を見ると短距離よりも1700m以上のほうが高くなります。

⑤⑥コース別では、意外にも東京芝2400mがベストで複勝率は3割超え。回収値も高くて、単勝は248、複勝も140あります。また3位の阪神2000mの単勝回収値も203とかなり高いです。

TOP3から漏れたコースで面白い数字を示したのは東京14

①クロフネ・BMSとしての代表馬

クロノジェネシス（有馬記念、宝塚記念2回、秋華賞他。ドバイSC2着）
ノームコア（ヴィクトリアM、香港C、札幌記念他）
ヴェラアズール（ジャパンC、京都大賞典）
レイパパレ（大阪杯、チャレンジC。大阪杯2着）
スタニングローズ（秋華賞他。オークス2着）
ステファノス（富士S。天皇賞秋2着、Qエリザベス2世S2着）

②BMS期間内通算成績

	1着	2着	3着	4着以下	連対率	複勝率
通算	459	446	463	4816	14.6%	22.1%
芝	178	179	166	2021	14.0%	20.6%
ダート	281	267	297	2795	15.1%	23.2%

③芝【距離別】成績

	1着	2着	3着	4着以下	連対率	複勝率
芝1200m	37	38	42	475	12.7%	19.8%
芝1400m	16	7	10	184	10.6%	15.2%
芝1600m	28	38	31	346	14.9%	21.9%
芝1800m	32	35	28	348	15.1%	21.4%
芝2000m	31	44	33	408	14.5%	20.9%

④ダート【距離別】成績

	1着	2着	3着	4着以下	連対率	複勝率
ダ1200m	48	41	59	517	13.4%	22.3%
ダ1400m	38	33	42	416	13.4%	22.3%
ダ1600m	11	17	16	183	12.3%	19.4%
ダ1700m	42	36	14	376	15.8%	24.0%
ダ1800m	93	92	105	911	15.4%	21.1%

00m。【10－1－3－58】という、極端な結果になっていました。また札幌1200mは【1－6－4－36】で、これは逆の意味で極端なことになっていて、複勝回収値はなんと351という数値を示しました。

ダートのTOP3のコースは回収値も高く、中京1900mは複勝で135、東京2100mは単勝が148、小倉1000mは単勝122、複勝138となっています。そしておわかりのように、イレギュラーというか、マイナーな距離設定の舞台で3位までを占めていることも要チェックだと思います。

補足として、さらに広げて競馬場という視点で見ると、BMSクロフネは札幌が最も優秀。芝【6－10－9－101】で複勝回収値233、ダートは【13－9－9－92】で単勝回収値103あります。

また福島ダートで【14－11－10－158】。200走近い出走数がありながら単勝回収値217はかなりの高数値です。

⑦⑧のクラス別では、芝では重賞やGIでもまったく率が落ちないのに対し、ダートではオープン特別までは安定傾向ながら、重賞になると出走数自体が激減、率も下がります。

GIは2走だけで、ガイアフォースがフェブラリーSで2着をマークしましたが、そもそも駒を進めてこないということは、ダートでそこまでの域に達していない馬が大半ということで、この点はクロフネの直接の産駒の傾向と共通するものです。

●ダートでは、この父とニックス認定

⑨⑩の種牡馬データでは、芝の1位がキタサンブラックになっていますが、これには注意が必要で、9連対のうち5回はガイアフォースによるものです。有効活用するにはもう少しサンプルが増えてほしいところです。

そして、ワールドエースは2024年に種牡馬引退、キングカメハメハは他界していますから、これらの種牡馬との相性の良さは今後縮小していくことになります。ちなみに複勝率なら37.6%のディープインパクトがトップですが、いうまでもなくもう個体数は増えません。ですから、芝のBMSクロフネは今後新しい種牡馬との相性を探ることになります。

ダートはそのあたりの交替がうまく進んでいるようで、トップ3は今売り出し中の種牡馬ばかりでした。特にミッキーアイルとは複勝率40%、単勝回収値249、複勝回収値123ですから、**ミッキーアイル×BMSクロフネはダートにおいてはニックス**といっていいでしょう。

反対にダートで相性が悪いのはエピファネイアで【2－2－0－43】となっています。

⑤コース別【芝】連対率TOP3（30走以上）

	1着	2着	3着	4着以下	連対率	複勝率
東京・芝2400m	6	4	2	25	27.0%	32.4%
阪神・芝1800m	6	8	1	44	23.7%	25.4%
阪神・芝2000m	9	7	3	49	23.5%	27.9%

⑥コース別【ダート】連対率TOP3（50走以上）

	1着	2着	3着	4着以下	連対率	複勝率
中京・ダ1900m	9	9	3	50	25.4%	29.6%
東京・ダ2100m	9	9	7	50	24.0%	33.3%
小倉・ダ1000m	4	7	4	38	20.8%	28.3%

⑦芝【クラス別】成績

	1着	2着	3着	4着以下	連対率	複勝率
新馬戦	17	29	23	248	14.5%	21.8%
未勝利戦	62	59	57	721	13.5%	19.8%
1勝クラス	42	43	43	506	13.4%	20.2%
2勝クラス	21	22	14	183	17.9%	23.8%
3勝クラス	13	9	16	116	14.3%	24.7%
オープン特別	2	3	3	73	6.2%	9.9%
GⅡ＋GⅢ	15	10	6	134	15.2%	18.8%
GⅠ	6	4	4	40	18.5%	25.9%

⑧ダート【クラス別】成績

	1着	2着	3着	4着以下	連対率	複勝率
新馬戦	22	17	23	144	18.9%	30.1%
未勝利戦	112	108	123	1167	14.6%	22.7%
1勝クラス	81	85	87	830	15.3%	23.4%
2勝クラス	37	34	34	395	14.2%	21.0%
3勝クラス	14	10	23	161	11.5%	22.6%
オープン特別	13	10	5	75	22.3%	27.2%
GⅡ＋GⅢ	2	2	2	22	14.3%	21.4%
GⅠ	0	1	0	1	50.0%	50.0%

⑨父馬別【芝】連対率TOP3（20走以上）

	1着	2着	3着	4着以下	連対率	複勝率
キタサンブラック	5	4	0	18	33.3%	33.3%
ワールドエース	5	7	2	27	29.3%	34.1%
キングカメハメハ	12	8	5	47	27.8%	34.7%

⑩父馬別【ダート】連対率TOP3（30走以上）

	1着	2着	3着	4着以下	連対率	複勝率
アジアエクスプレス	5	7	2	19	36.4%	42.4%
リアルスティール	7	5	0	24	33.3%	33.3%
ミッキーアイル	12	13	9	51	29.4%	40.0%

母父データ国内編 05

サクラバクシンオー

父サクラユタカオー・母の父ノーザンテースト

●キタサンブラック以外にも中長距離馬が続々登場

この馬のBMSとしての能力や特徴については、第1章でキタサンブラックを例に引いて、その効果を分析しました。

日本競馬史上屈指のスプリンターだったので、どうしても自分の牝馬産駒に集まる種牡馬たちも短距離血統になり、「ベストtoベスト」のスピードを追求しようと考える生産者が多いので、BMSサクラバクシンオーの多くはやはり短距離馬が多くなり、表面上のBMSの成績も必然的に短距離戦が中心となります。

しかし、キタサンブラック以外にも、①BMSの代表例からは漏れましたが2024年の青葉賞を勝ったシュガークン、16年の新潟記念を勝ったアデイインザライフなども出ていて、父馬次第では中距離馬ももっとたくさん出せるBMSだったと思います。

ここで、BMSに距離適性だけを求めるのは間違いではないかと改めて述べておきます（そもそもサクラバクシンオーはアンバーシャダイの近親、一族にはファストタテヤマなどもいるのですから……）。

11年に死去しているので、BMSとして今後目にする機会は年々減っていくことになりますが、それでも残した牝馬産駒の多さから、当面は影響力を持ち続けることになるはずです。

BMSの例として、やはり①から漏れた馬を挙げていくと、前記の2頭の他にも芝ではブランボヌールやモンドキャンノ、アナザーリリック、レッドアネモス、ダートならグリムやテイエムトッキュウなどがいます。

超大物はキタサンブラック以外出せずに終わりそうですが、重賞級ならこのようにコンスタントに送り出せる底力があります。

●札幌芝とダート2000m戦で好走

③④の距離別成績を見ると、芝で1200mの率が高くなるのは前記の理由から仕方ないところがありますが、実は2000mでも遜色ない数字を示しています。ダートでもそれは同じで、1200mと1800mを比較しても、それほど大きな差は出てい

①サクラバクシンオー・BMSとしての代表馬

キタサンブラック（菊花賞、ジャパンC、有馬記念、天皇賞春2回、天皇賞秋、大阪杯、セントライト記念、スプリングS）
ファストフォース（高松宮記念、CBC賞）
ハクサンムーン（セントウルS他。スプリンターズS2着、高松宮記念2着）
サトノレーヴ（函館スプリントS、キーンランドC）
テイエムトッキュウ（カペラS。オープン1勝）
キタサンミカヅキ、グリム他

②BMS期間内通算成績

	1着	2着	3着	4着以下	連対率	複勝率
通算	241	226	222	2575	14.3%	21.1%
芝	123	102	108	1286	13.9%	20.6%
ダート	118	124	114	1289	14.7%	21.6%

③芝【距離別】成績

	1着	2着	3着	4着以下	連対率	複勝率
芝1200m	65	63	44	517	18.6%	25.0%
芝1400m	12	9	17	173	10.0%	18.0%
芝1600m	14	10	20	219	9.1%	16.7%
芝1800m	12	5	12	137	10.2%	17.5%
芝2000m	13	15	11	136	16.0%	22.3%

④ダート【距離別】成績

	1着	2着	3着	4着以下	連対率	複勝率
ダ1200m	39	41	37	402	15.4%	22.5%
ダ1400m	13	16	9	239	10.5%	13.7%
ダ1600m	5	2	2	45	13.0%	16.7%
ダ1700m	10	15	21	139	13.5%	24.9%
ダ1800m	19	24	19	231	14.7%	21.2%

ません。

面白いことに、ダートは2000mでかなり好成績となっていて【7－4－3－10】。複勝率は58・3%です。この3着以内計14回は5頭の馬でマークしています。

なお競馬場に広げてみると、芝ではハッキリした傾向がありました。BMSサクラバクシンオーが最も得意なのは札幌で【14－8－6－81】で、連対率で20・2%あり、単勝回収値は156に達しています。

反対に今イチなのは東京の芝で【7－6－16－153】、3着が異様に多くなっていますが、この回数でも複勝率は15・9%程度で目立ってはいません。連対率では7・1%の低さです。

●芝の不振コースには共通点が……

⑤⑥のコース別成績では、補足として芝の不振なコースを挙げておきます。東京1800mが【0－1－3－20】、新潟1600mが【1－1－2－35】、京都1800mが【0－2－0－10】。いずれも高速上がり決着になりやすいコースであり、このあたりがBMSバクシンオーの弱点といえます。

ダートではそれほど苦手なコースは見当たりませんでしたが、唯一、東京1400mが【2－2－2－70】と厳しい数字。

⑦クラス別の芝では、上級に上がってもGⅢまでは安定しています。

⑧ダートはオープン特別までなら問題なし、重賞ではそもそも出走数自体がかなり少ない。ダート向きのパワーという点では、父馬に関係なくBMSバクシンオーは見劣る傾向がありそうです。

●父ロードカナロアが絶対的なニックス！

⑨芝の種牡馬別では、ロードカナロアの出走数がこれだけ多いということが、短距離で強い馬をつくろうという意図の表れだと思います。複勝率41・8%と驚きの高さで、回収率も単勝195、複勝144。馬券面でも有効活用できます。⑩ダートでもこの配合はご覧のように好成績で、**ロードカナロア×BMSサクラバクシンオーはニックス認定**できます。

なお、芝で相性が悪いのはアドマイヤムーン【0－1－0－24】、シルバーステート【0－0－0－16】。ダートでもアドマイヤムーンは【0－0－0－26】で、他にはサトノダイヤモンド【0－0－0－23】です。

ダートのヒモ量産の特徴は、連対率1位になったキンシャサノキセキで、この着度数はあまりにも極端。しかも2着だけが膨れ上がっていて、この配合は走るけれど今ひとつ勝負弱いということでしょう。また似ているのはエピファネイアで【0－3－7－19】。勝ち切れないものの複勝回収値144もあります。

⑤コース別【芝】連対率TOP3（40走以上）

	1着	2着	3着	4着以下	連対率	複勝率
阪神・芝1200m	5	9	1	30	31.1%	33.3%
札幌・芝1200m	9	6	5	36	26.8%	35.7%
函館・芝1200m	12	12	9	74	22.4%	30.8%

⑥コース別【ダート】連対率TOP3（70走以上）

	1着	2着	3着	4着以下	連対率	複勝率
小倉・ダ1000m	7	9	7	56	20.3%	29.1%
中京・ダ1200m	5	9	5	53	19.4%	26.4%
阪神・ダ1800m	6	8	6	53	19.2%	27.4%

⑦芝【クラス別】成績

	1着	2着	3着	4着以下	連対率	複勝率
新馬戦	11	12	9	146	12.9%	18.0%
未勝利戦	44	31	38	457	13.2%	19.8%
1勝クラス	30	29	25	317	14.7%	20.9%
2勝クラス	13	15	13	121	17.3%	25.3%
3勝クラス	9	5	10	84	13.0%	22.2%
オープン特別	9	4	7	81	12.9%	19.8%
GⅡ＋GⅢ	6	6	5	70	13.8%	19.5%
GⅠ	1	0	1	10	8.3%	16.7%

⑧ダート【クラス別】成績

	1着	2着	3着	4着以下	連対率	複勝率
新馬戦	6	1	4	60	9.9%	15.5%
未勝利戦	42	62	51	533	15.1%	22.5%
1勝クラス	36	39	44	382	15.0%	23.8%
2勝クラス	18	10	8	158	14.4%	18.6%
3勝クラス	10	7	4	70	18.7%	23.1%
オープン特別	5	5	3	77	11.1%	14.4%
GⅡ＋GⅢ	1	0	0	9	10.0%	10.0%
GⅠ	0	0	0	0	0.0%	0.0%

⑨父馬別【芝】連対率TOP3（20走以上）

	1着	2着	3着	4着以下	連対率	複勝率
ロードカナロア	26	16	4	64	38.2%	41.8%
ハーツクライ	7	8	4	60	19.0%	24.1%
リオンディーズ	6	4	3	59	13.9%	18.1%

⑩父馬別【ダート】連対率TOP3（30走以上）

	1着	2着	3着	4着以下	連対率	複勝率
キンシャサノキセキ	3	14	3	32	32.7%	38.5%
ハーツクライ	7	7	3	30	29.8%	36.2%
ロードカナロア	9	9	6	45	26.1%	34.8%

母父 データ国内編 06

スペシャルウィーク

父サンデーサイレンス・母の父マルゼンスキー

●父としては史上に残る2頭の名牝を出した

母の生命と引き換えに誕生という運命から、その他の数奇なエピソードを経てのダービー圧勝、そして古馬になってからもジャパンＣなどを勝ち頂点に立つという、息の長さや芯の強さを感じさせた現役時代でした。

母の父であるマルゼンスキーに似ているという厩舎関係者の評価もあり、底力はそこに由来するのかもしれません。

種牡馬としては、ブエナビスタとシーザリオを出したことでお釣りがくるくらいですが、意外なことに牡馬のクラシックどころか、牡馬でＪＲＡのＧＩを勝ったのは菊花賞のトーホウジャッカルだけなのです（地方交流ＧＩ馬はいますが）。

ダービーはインティライミとリーチザクラウンの２着馬２頭を出しているものの、とうとう勝てずに終わりました。このへんが種牡馬としての印象が少し薄い理由かもしれません。

しかしその分を、母の父としてまとめてお返ししたようなところがあり、①の代表例に挙げた馬たち以外にもクラリティスカイ、リオンディーズらがマイルＧＩを勝ち、ディアンドル、タイセイビジョン、マテンロウスカイなど性別や距離を問わず大活躍。

２０２４年夏にもトータルクラリティが新潟２歳Ｓを勝つなど、スペシャルウィーク自身が死後かなり経つものの、ＢＭＳとしての活力を今も保ち続けていることは大したものです。

●芝の内回り・小回り巧者を輩出

距離区分を見ると、③の芝では率が大きく下がるようなところはなく万能型ですが、最高なのは２０００ｍで、中距離指向がやや強いことがわかります。一方、④のダートでは１４００ｍだけがやや低調ですが、それ以外の落ち込みは見られません。

⑤芝のコース別では、なぜか阪神１２００ｍが率ではダントツです。これも含めて、ＴＯＰ３はすべて内回りや小回りコースで占められています。また回収値で見た場合に最も高いのも、小回り中山の１８００ｍで【５-１-３-22】、単勝１３４、複勝１８

①スペシャルウィーク・BMSとしての代表馬

エピファネイア（菊花賞、ジャパンC、神戸新聞杯、ラジオNIKKEI杯。ダービー2着、皐月賞2着）
ディアドラ（秋華賞、英・ナッソーS、富士S他。香港C2着）
サートゥルナーリア（皐月賞、ホープフルS、神戸新聞杯他）
ジュンライトボルト（チャンピオンズC、シリウスS）
トウシンマカオ（京阪杯2回、オーシャンS）
タガノビューティー、サンライズホープ他

②BMS期間内通算成績

	1着	2着	3着	4着以下	連対率	複勝率
通算	290	268	281	3078	14.2%	21.4%
芝	124	108	134	1367	13.4%	21.1%
ダート	166	160	147	1711	14.9%	21.7%

③芝【距離別】成績

	1着	2着	3着	4着以下	連対率	複勝率
芝1200m	27	21	21	277	13.9%	19.9%
芝1400m	11	10	16	145	11.5%	20.3%
芝1600m	24	20	24	260	13.4%	20.7%
芝1800m	21	18	22	260	12.1%	19.0%
芝2000m	30	23	35	255	15.5%	25.7%

④ダート【距離別】成績

	1着	2着	3着	4着以下	連対率	複勝率
ダ1200m	38	25	26	301	16.2%	22.8%
ダ1400m	24	22	27	322	11.6%	18.5%
ダ1600m	13	15	12	127	16.8%	24.0%
ダ1700m	22	24	18	242	15.0%	20.9%
ダ1800m	44	52	38	486	15.5%	21.6%

2となっています。

反対に芝で苦手なのは中京1200mで【1－0－0－30】。もし高松宮記念にBMSスペシャルウィークが出てきたら即消しか？　また京都外回りでは勝ち切れず、外回りの1400mは【0－4－1－14】、外回りの1600mは【0－4－1－14】であり、内回りでの成績の高さを考えると偶然とは思えない結果になっています。

競馬場に広げると、芝での単勝回収値が突出して高いのは福島で【10－12－8－93】、単勝回収値が113もあります。

●ダートは京都1900mで好走連発、阪神なら穴馬で

ダートの得意コースは⑥の通りですが、出走数を満たさなかった中で最も好相性なのは京都1900mの【3－6－4－16】。9回の連対は6頭でマークしていて、これは間違いなく血統からの相性の良さといえます。連対率で31・0％、複勝率では44・8％、複勝回収値は212もあります。

競馬場に広げてみた場合、ダートで単勝回収値が高いのは阪神。【35－25－31－320】で出走回数が400回以上ありながら、単勝回収値114、複勝回収値96は相当なもの。連対率TOP3に阪神コースは入りませんでしたが、阪神ダートで人気薄めのBMSスペシャルウィークは要注意です。

⑦⑧のクラス別では、芝のGⅡ、GⅢまではまずまずなのに、GⅠでは26走して1回も3着以内がない。トータルクラリティあたりがハネ返せるかどうか。

●芝で父モーリスとニックス認定、ダートはSキャット系で

⑨の父馬別で見ると、芝では連対率2位モーリスの複勝率40・8％が凄い。**モーリス×BMSスペシャルウィークはニックス認定**していいでしょう。反対に芝でのクロフネは【0－3－0－22】と不振、またドゥラメンテとは【0－4－1－14】で、いずれは勝ち馬も増えるでしょうが、現状はヒモ型となっています。

⑩のダートでは、連対率首位のダノンレジェンドが単勝回収値158で馬券妙味も高い。また数は減ってきていますが、キングカメハメハも単勝回収値388、複勝回収値107と高くなっています。

ダートのTOP3漏れの種牡馬ではドレフォンが【5－4－3－27】で、連対9回は4頭でマークしており信頼度が高い。またヘニーヒューズは【11－19－10－87】で、この出走数の多さを踏まえると複勝率31・5％はかなりの高さといえます。

すでにこの世にいないキングカメハメハの代わりに、今後はこの2頭のようなストームキャット系の種牡馬との組み合わせがダートで台頭する可能性があります。

⑤コース別【芝】連対率TOP3（20走以上）

	1着	2着	3着	4着以下	連対率	複勝率
阪神・芝1200m	5	4	2	17	32.1%	39.3%
札幌・芝2000m	3	2	0	16	23.8%	23.8%
福島・芝2000m	3	2	1	16	22.7%	27.3%

⑥コース別【ダート】連対率TOP3（40走以上）

	1着	2着	3着	4着以下	連対率	複勝率
京都・ダ1800m	9	14	5	63	25.3%	30.8%
中京・ダ1200m	4	4	4	28	20.0%	30.0%
函館・ダ1700m	6	7	6	48	19.4%	28.4%

⑦芝【クラス別】成績

	1着	2着	3着	4着以下	連対率	複勝率
新馬戦	17	17	16	135	18.4%	27.0%
未勝利戦	31	20	38	480	9.0%	15.6%
1勝クラス	30	27	26	253	17.0%	24.7%
2勝クラス	14	22	26	216	12.9%	22.3%
3勝クラス	11	6	11	74	16.7%	27.5%
オープン特別	9	9	7	82	16.8%	23.4%
GⅡ＋GⅢ	12	7	10	103	14.4%	22.0%
GⅠ	0	0	0	24	0	0

⑧ダート【クラス別】成績

	1着	2着	3着	4着以下	連対率	複勝率
新馬戦	13	9	8	90	18.3%	25.0%
未勝利戦	53	59	47	666	13.6%	19.3%
1勝クラス	40	46	48	511	13.3%	20.8%
2勝クラス	22	18	14	201	15.7%	21.2%
3勝クラス	16	10	14	110	17.3%	26.7%
オープン特別	17	13	13	87	23.1%	33.1%
GⅡ＋GⅢ	4	5	3	36	18.8%	25.0%
GⅠ	1	0	0	10	9.1%	9.1%

⑨父馬別【芝】連対率TOP3（100走以上）

	1着	2着	3着	4着以下	連対率	複勝率
キングカメハメハ	14	15	7	84	24.2%	30.0%
モーリス	17	10	22	71	22.5%	40.8%
ロードカナロア	15	10	11	118	16.2%	23.4%

⑩父馬別【ダート】連対率TOP3（30走以上）

	1着	2着	3着	4着以下	連対率	複勝率
ダノンレジェンド	7	8	3	31	30.6%	36.7%
アポロキングダム	6	6	0	29	29.3%	29.3%
キングカメハメハ	6	3	1	28	23.7%	26.3%

母父データ国内編 07

ダンスインザダーク

父サンデーサイレンス・母の父ニジンスキー

●産駒は長距離系だが、BMSとしては距離不問

サンデー×マルゼンスキーがスペシャルウィーク、こちらはサンデー×ニジンスキー（マルゼンスキーの父）。両方の主戦だった武豊騎手によると、スペシャルウィークとダンスインザダークは乗り味がそっくりだったということで、母方の良さを出すサンデーサイレンスの本領発揮というイメージの名馬でした。

ただ体質が弱く、デビューの遅れや勝負弱さ、皐月賞直前の熱発、悲願のクラシック制覇となった菊花賞の翌日に屈腱炎で引退と、本格化する前に現役を終えてしまったという点では悲運の名馬ともいえます。

種牡馬としてはシャトル供用されたオセアニアでも4位になったことがあり、かなりのポテンシャルを持っていました。そのわりに日本での活躍産駒が少ないのは、菊花賞馬を3頭、メルボルンC馬1頭、ダイヤモンドSやステイヤーズS勝ち馬も複数というように、スタミナに寄り過ぎた産駒が主力になったからでしょう。

母の父としては、牝馬にはダイメイプリンセスやフォーエバーマークのようなスプリンターも出しているものの、牡馬は大半が中長距離馬に出ていて、スタミナに加えて脚を長く使う能力を強く伝えていると思われます。

ただ、牝馬でも出世馬以外は違ってきます。③芝での距離別を見ると、特に短い距離がダメということはなく、1400mでも率が高めとなっているあたりに前述の持続力が見てとれます。なお距離不問なのは④ダートでも同じです。

●勝ち切れない芝コースと狙うべきダートコース

⑤芝のコース別では、連対率・複勝率ともにトップの新潟1800mでは複勝回収値も100に迫る96と高め。

なお勝ち切れないコースが多いのが特徴で、小倉1800m【1-11-5-69】、阪神1800m【0-5-3-29】、福島2000m【1-3-2-31】、新潟1600m【0-3-1-28】、東京2400m【0-2-2-25】となっています。また新潟の直

①ダンスインザダーク・BMSとしての代表馬

ラブリーデイ(天皇賞秋、宝塚記念、京都大賞典他)
アルバート(ステイヤーズS3回、ダイヤモンドS)
ユーキャンスマイル(阪神大賞典、新潟記念他)
ボッケリーニ(鳴尾記念、目黒記念他)
トリオンフ(中山金杯、小倉記念他)
ダイメイプリンセス(北九州記念、アイビスサマーダッシュ)

②BMS期間内通算成績

	1着	2着	3着	4着以下	連対率	複勝率
通算	232	306	309	3422	12.6%	19.8%
芝	117	147	156	1688	12.5%	19.9%
ダート	115	159	153	1734	12.7%	19.8%

③芝【距離別】成績

	1着	2着	3着	4着以下	連対率	複勝率
芝1200m	18	28	25	347	11.0%	17.0%
芝1400m	18	13	18	169	14.2%	22.5%
芝1600m	18	22	28	281	11.5%	19.5%
芝1800m	18	35	34	327	12.8%	21.0%
芝2000m	29	33	27	328	14.9%	21.3%

④ダート【距離別】成績

	1着	2着	3着	4着以下	連対率	複勝率
ダ1200m	13	31	23	309	11.7%	17.8%
ダ1400m	22	18	23	322	10.4%	16.4%
ダ1600m	10	18	11	137	15.9%	22.2%
ダ1700m	10	15	15	210	10.0%	16.0%
ダ1800m	34	51	66	510	12.9%	22.8%

線競馬は【1－0－2－31】で、かなり苦手としています。
⑥ダートは、1位の阪神1800mが回収値でも単勝115、複勝106と高く、BMSダンスインザダークを狙うべきコースです。一方、こちらの勝ち切れないコースは京都1800m【1－5－8－53】、阪神1200m【1－4－8－70】を挙げておきます。
芝での勝ち切れなさは競馬場で見ると、さらに明らかな傾向があって、札幌【1－7－6－81】、函館【2－12－15－82】と、ちょっと異常なレベル。ともに洋芝なので、こうしたタフな芝は、今は父に関わらず苦戦しています。

反対に芝でしっかり狙うべきは京都で【12－11－13－102】、単勝回収値は唯一の100超えとなる139です。

しかし、ダートでの京都は【2－15－14－133】と一転して勝てないのが、とても面白いところ。

また⑦⑧のクラス別で見ると、これはスペシャルウィークと共通するところですが、芝のGIでまったく馬券にならなくなってきています。

ダートではオープンで勝ち切れなくなり、重賞になると不振、そしてGIにいたっては出走なし。こちらもスペシャルウィークと重なるところです。本質的にBMSダンスインザダークはダート向きの能力には欠けるということでしょう。

●見逃せない父キングカメハメハ、そしてスクリーンヒーローはニックス認定

⑨⑩の父馬別では、芝では残念ながらもう産駒の数は減少の一途となるキングカメハメハとの配合が素晴らしい成績で、連対率が4割近い。対象期間前にも、天皇賞秋馬ラブリーデイや重賞3勝のショウリュウムーンがこの配合から出ています。現存するこの配合馬を見かけたら馬券的には常に一考です。
またスクリーンヒーローも複勝率が36・7％で、単勝回収値116もあります。

勝ち切れないのはハービンジャーとの配合で【3－9－13－88】と顕著。ヒモの決め打ちでいいでしょう。不振はマクフィ【0－1－0－16】、リオンディーズ【0－1－2－25】あたりです。

ダートでの注目は3位のスクリーンヒーロー。複勝率42・7％で複勝回収値106、芝でも2位ですから、これは意外なニックスといえるでしょう。

なおダートでは、アジアエクスプレスが【1－4－4－33】と勝てず。またエピファネイアも【0－3－1－23】です。まったくダメなのがハービンジャー【0－0－0－21】、イスラボニータ【0－0－1－20】です。

⑤コース別【芝】連対率TOP3（50走以上）

	1着	2着	3着	4着以下	連対率	複勝率
新潟・芝1800m	4	7	5	43	18.6%	27.1%
阪神・芝2000m	4	6	3	43	17.9%	23.2%
東京・芝1400m	7	3	4	45	16.9%	23.7%

⑥コース別【ダート】連対率TOP3（100走以上）

	1着	2着	3着	4着以下	連対率	複勝率
阪神・ダ1800m	13	14	12	111	18.0%	26.0%
東京・ダ1600m	10	18	11	137	15.9%	22.2%
新潟・ダ1800m	7	10	15	88	14.2%	26.7%

⑦芝【クラス別】成績

	1着	2着	3着	4着以下	連対率	複勝率
新馬戦	11	11	9	160	11.5%	16.2%
未勝利戦	36	45	49	502	12.8%	20.6%
1勝クラス	31	39	47	460	12.1%	20.3%
2勝クラス	21	14	25	235	11.9%	20.3%
3勝クラス	9	13	17	122	13.7%	24.2%
オープン特別	2	6	6	91	7.6%	13.3%
GⅡ＋GⅢ	7	19	3	89	22.0%	24.6%
GⅠ	0	0	0	29	0	0

⑧ダート【クラス別】成績

	1着	2着	3着	4着以下	連対率	複勝率
新馬戦	5	5	4	92	9.4%	13.2%
未勝利戦	44	61	67	653	12.7%	20.8%
1勝クラス	40	56	50	544	13.9%	21.2%
2勝クラス	15	19	22	253	11.0%	18.1%
3勝クラス	6	7	5	120	9.4%	13.0%
オープン特別	5	10	5	61	18.5%	24.7%
GⅡ＋GⅢ	0	1	0	11	8.3%	8.3%
GⅠ	0	0	0	0	0	0

⑨父馬別【芝】連対率TOP3（60走以上）

	1着	2着	3着	4着以下	連対率	複勝率
キングカメハメハ	15	23	8	58	36.5%	44.2%
スクリーンヒーロー	8	6	8	38	23.3%	36.7%
エピファネイア	13	18	17	109	19.7%	30.6%

⑩父馬別【ダート】連対率TOP3（40走以上）

	1着	2着	3着	4着以下	連対率	複勝率
モーリス	7	9	10	43	23.2%	37.7%
ドレフォン	3	7	3	33	21.7%	28.3%
スクリーンヒーロー	3	12	17	43	20.0%	42.7%

母父
データ国内編
08

ハーツクライ

父サンデーサイレンス・母の父トニービン

ＢＭＳとしてはまだ年月が浅いから仕方ないところはあるのですが、出世馬はエフフォーリアくらいで、ディープインパクトに比べるとややペースがやや遅いところがあります。これは晩成の血が影響しているのでしょう。今後は増えていくと思われます。

母の父としての特徴は、牝馬の人気薄好走傾向です。期間内に１３７６走して単勝回収値が96もあるのです。重賞級はなかなか出ていませんが、人気薄でも他の走る条件がハマっていたら狙いたいところ。

③芝の距離別ではほとんど率の偏りがなく、１２００ｍから２０００ｍまで安定しています。しかし④ダートでは１２００ｍが低めで、１７００ｍ、１８００ｍで高くなっていて、短距離ダートはやや苦手傾向があります。

●隠れた好走コースは札幌芝1800m、小倉ダート1700m

⑤芝での連対率は、意外と短いところも走れています。1位の小倉２０００ｍは単勝回収値２７２。2位の阪神１４００ｍは、

●晩年の産駒にサリオス、ドウデュース

デビューは3歳の1月。そして3歳5月の京都新聞杯を勝ってから、翌年の有馬記念でディープインパクトを倒すまで、なんと10連敗を喫していて（筆者も忘れていました）、つまり順風満帆の現役生活ではありませんでした。それだけ晩成型だったということ。逆にいうと、それだけ有馬記念のインパクトは凄かった。ただ、その有馬記念と続くドバイシーマクラシックを勝った後は、ノド鳴りに泣いて2走しかできなかったのが残念でなりません。

種牡馬としては、ダービー馬やオークス馬は出しましたが、桜花賞、皐月賞の勝ち馬は出せず、やはり晩成タイプの名馬を輩出したところがあります。とはいえ、晩年にタイムフライヤー、サリオス、ドウデュースと立て続けに2歳ＧⅠ馬を出したのが面白いところ。また日本生産で輸出したヨシダは北米ＧⅠを勝っており、これは史上初の日本産馬による北米ダートＧⅠ勝利でした。

●人気薄の牝馬が激走する!?

①ハーツクライ・BMSとしての代表馬

エフフォーリア（皐月賞、有馬記念、天皇賞秋他。ダービー2着）
ケイデンスコール（マイラーズC、京都金杯）
トロワゼトワル（京成杯オータムH2回）
ライオットガール（レパードS、交流重賞2勝）
インダストリア（ダービー卿CT）
シーズンリッチ、アラタ、ロードデルレイ他

②BMS期間内通算成績

	1着	2着	3着	4着以下	連対率	複勝率
通算	238	196	199	2449	14.1%	20.5%
芝	131	97	105	1235	14.5%	21.2%
ダート	107	99	94	1214	13.6%	19.8%

③芝【距離別】成績

	1着	2着	3着	4着以下	連対率	複勝率
芝1200m	23	22	20	245	14.5%	21.0%
芝1400m	15	10	13	115	16.3%	24.8%
芝1600m	25	24	20	247	15.5%	21.8%
芝1800m	23	18	16	250	13.4%	18.6%
芝2000m	29	12	26	230	13.8%	22.6%

④ダート【距離別】成績

	1着	2着	3着	4着以下	連対率	複勝率
ダ1200m	9	19	17	258	9.2%	14.9%
ダ1400m	17	20	13	213	14.1%	19.0%
ダ1600m	12	2	7	103	11.3%	16.9%
ダ1700m	16	19	21	170	15.5%	24.8%
ダ1800m	33	26	24	316	14.8%	20.8%

複勝率ではその小倉を上回り、単勝回収値も161あります。

出走回数が規定に届かなかったコースでは札幌1800mが【2−4−4−13】で、複勝率は43・5%に達しています。

苦手なのは小倉1800m【0−1−4−36】、京都1800mが【0−1−0−27】。同じ直線平坦の1800mでも、得意不得意の傾向はかなり違っています。
⑥ダートでは、東京2100mが連対率はわずかの差での首位ですが、複勝率では突出しています。最も安定して走れるコースです。また出走回数が規定に足りなかったコースでは、中京1900mが【5−1−0−20】。安定しているというより勝ち切るコースで、単勝回収値も198あります。
一方、小倉1700mは【7−9−12−67】で連対率は届かないものの、出走数がかなり多いのに複勝率29・5%、単勝回収値153をマーク。95走もして7勝ながら、この回収値は素晴らしい。人気薄でも侮れないコースといえるでしょう。

また⑦⑧クラス別成績で面白いのは、ご覧のように芝もダートも2勝クラスの率が突出していることです。特に芝の2勝クラスの複勝率は38・1%もあり、回収値は単勝109、複勝101の高さです。

●芝でマクフィとのニックス認定、父モーリスなら穴馬が走る

⑨芝の父馬別成績では、ちょっと変わった種牡馬との相性が異常に良い点に注目です。マクフィとは連対率、複勝率ともにご覧の高率。複勝回収値108で、**マクフィ×BMSハーツクライは芝におけるニックス**といっていいでしょう。
また3位のモーリスは馬券妙味がさらに高く、単勝回収値241、複勝回収値104に達しています。

一方、率のTOP3には入っていませんが、ロードカナロアとの間には3頭の重賞勝ち馬（トロワゼトワル、ケイデンスコール、ヴァルディゼール）、さらにオセアニアのGI馬タガロアも出しています。その他にも、リオンディーズ、ドゥラメンテとの間にも重賞勝ち馬を出していて、**キングカメハメハ系とは芝重賞での相性の良さ**を誇っています。
⑩ダートでは、ライオットガールを出したシニスターミニスターがトップ。さらに2位、3位はダート種牡馬のイメージが薄くて意外なハービンジャー、ラブリーデイと続いていますが、ともに複勝率がかなり高い。
なお規定出走数から漏れたところで注意すべきはニューイヤーズデイで【2−0−6−12】、3着以内8回は3頭の産駒でマークしたものです。反対に苦手なのはエピファネイアで、【0−0−0−26】とまったく走っていません。

⑤コース別【芝】連対率TOP3（30走以上）

	1着	2着	3着	4着以下	連対率	複勝率
小倉・芝2000m	5	3	1	21	26.7%	30.0%
阪神・芝1400m	4	5	2	23	26.5%	32.4%
函館・芝1200m	4	5	2	24	25.7%	31.4%

⑥コース別【ダート】連対率TOP3（50走以上）

	1着	2着	3着	4着以下	連対率	複勝率
東京・ダ2100m	8	5	5	34	25.0%	34.6%
中京・ダ1800m	3	9	2	48	19.4%	22.6%
東京・ダ1400m	8	7	1	66	18.3%	19.5%

⑦芝【クラス別】成績

	1着	2着	3着	4着以下	連対率	複勝率
新馬戦	19	18	19	169	16.4%	24.9%
未勝利戦	43	32	39	513	12.0%	18.2%
1勝クラス	30	24	23	310	14.0%	19.9%
2勝クラス	15	8	9	52	27.4%	38.1%
3勝クラス	7	7	3	58	18.7%	22.7%
オープン特別	8	4	5	34	23.5%	33.3%
GⅡ＋GⅢ	6	3	6	83	9.2%	15.3%
GⅠ	3	1	1	16	19.0%	23.8%

⑧ダート【クラス別】成績

	1着	2着	3着	4着以下	連対率	複勝率
新馬戦	8	4	4	85	11.9%	15.8%
未勝利戦	46	37	42	558	12.2%	18.3%
1勝クラス	31	32	32	400	12.7%	19.2%
2勝クラス	14	18	10	110	21.1%	27.6%
3勝クラス	5	4	5	46	15.0%	23.3%
オープン特別	2	4	1	9	37.5%	43.8%
GⅡ＋GⅢ	1	0	0	6	14.3%	14.3%
GⅠ	0	0	0	0	0	0

⑨父馬別【芝】連対率TOP3（60走以上）

	1着	2着	3着	4着以下	連対率	複勝率
マクフィ	7	14	7	35	33.3%	44.4%
ハービンジャー	15	17	12	96	22.9%	31.4%
モーリス	11	9	8	60	22.7%	31.8%

⑩父馬別【ダート】連対率TOP3（30走以上）

	1着	2着	3着	4着以下	連対率	複勝率
シニスターミニスター	8	4	3	21	33.3%	41.7%
ハービンジャー	4	8	3	26	29.3%	36.6%
ラブリーデイ	4	5	2	24	25.7%	31.4%

母父データ国内編 09

マンハッタンカフェ

父サンデーサイレンス・母の父ローソサエティ

●自身は屈指のステイヤーも、産駒は異なるタイプだった

サンデーサイレンスに母の父リボー系。さらに牝系はドイツの名門で、のちに登場するブエナビスタの近親となる血筋です。サンデー産駒の中では屈指の欧州色、それもステイヤー色が濃い配合でした。

春のクラシックに出走できなかった晩成型で、夏の北海道で上がり馬となり、菊花賞で一気に世代の頂点へ、さらに2カ月後の有馬記念で現役の頂点へ駆け上がっていきました。

翌年の天皇賞春も完勝し、現役時代の成績はステイヤーそのもの。ただ4歳秋に凱旋門賞へ遠征、完走したもののレース中に故障を発症し、そのまま引退となってしまったのは痛恨でした。

ハーツクライといい、ダンスインザダークといい、改めて気づくのはサンデー系のステイヤータイプはケガや病気により、志半ばでリタイアする傾向があることです。

ただ産駒には、そこまでスタミナのある馬が見当たりませんでした。天皇賞春を勝ったヒルノダムールはいますが、本質的にはステイヤーではなかった。また芝では牝馬産駒のほうが出世する傾向がありました。

●BMSとして近年ダービー、天皇賞春、フェブラリーSを制覇

母の父としては、先にダートでテーオーケインズ、メイショウハリオの2大巨頭が成功したものの、長らく芝のGⅠ馬を出せませんでしたが、２０２３年にタスティエーラがいきなりダービーで第1号となり、翌年にはテーオーロイヤルが天皇賞春で続きました。またダートではペプチドナイルも24年にフェブラリーSを勝利し、ＢＭＳマンハッタンカフェはにわかに勢いづいています。

●自身も強かった洋芝で孫も走る!

③④の芝もダートも、距離にムラがなく走れていて、大きな穴がありません。回収率では芝が１２００ｍの単勝１０６、ダートは１６００ｍの単勝94が目立ちます。

⑤芝のコース別で挙がった３つは、いずれも回収値も高く、東

①マンハッタンカフェ・BMSとしての代表馬

タスティエーラ（ダービー、弥生賞。皐月賞2着、菊花賞2着）
テーオーロイヤル（天皇賞春、ダイヤモンドS2回、阪神大賞典）
テーオーケインズ（チャンピオンズC、帝王賞、JBCクラシック他）
メイショウハリオ（帝王賞2回、かしわ記念、みやこS他）
ペプチドナイル（フェブラリーS）
ソウルラッシュ（マイラーズC2回、京成杯オータムH。マイルCS2着）

②BMS期間内通算成績

	1着	2着	3着	4着以下	連対率	複勝率
通算	338	287	267	3090	15.7%	22.4%
芝	145	128	115	1330	15.9%	22.6%
ダート	193	159	152	1760	15.5%	22.3%

③芝【距離別】成績

	1着	2着	3着	4着以下	連対率	複勝率
芝1200m	26	25	20	206	18.4%	25.6%
芝1400m	8	11	9	133	11.8%	17.4%
芝1600m	29	28	29	284	15.4%	23.2%
芝1800m	29	26	18	272	15.9%	21.2%
芝2000m	33	21	20	287	15.0%	20.5%

④ダート【距離別】成績

	1着	2着	3着	4着以下	連対率	複勝率
ダ1200m	28	30	41	332	13.5%	23.0%
ダ1400m	26	26	21	272	15.1%	21.2%
ダ1600m	15	16	5	125	19.3%	22.4%
ダ1700m	28	16	19	243	14.4%	20.6%
ダ1800m	63	46	42	544	15.7%	21.7%

京2000mは単勝110、阪神2400mは単勝149、函館1800mは単勝218をマークしています。

また連対率のTOP3からは漏れましたが、中山1600mは【10－4－8－65】で、単勝回収値250。この特殊形状のコースで、BMSとしてここまでの率と回収値を出すのは珍しいです。

また場に広げると、函館が【12－5－4－51】で勝率が16・7%という高さ。単勝回収値は433と圧倒しています。札幌も【6－9－3－54】で、洋芝が強い。現役時に出世のきっかけを作ったのも洋芝で、この共通点は面白いものがあります。

⑥ダートのコース別では、特殊距離の1900mコースが2カ所入っているのは珍しい。TOP3から漏れたところでは【10－9－6－71】の京都1800mが単勝回収値159の高さです。

●芝・ダートとも新馬戦で要マーク！

⑦⑧のクラス別では、芝の新馬戦でも複勝率が24・1%あって意外と高い。晩成型でしたが、BMSとしては決して仕上がりが遅いわけではないようです。これはダートでもそうで、連対率や複勝率はさらに高くなります。

なお芝の新馬戦の単勝回収値は154、ダートは152あって、BMSマンハッタンカフェの新馬戦はとにかく要注意です。

芝では、未勝利戦から3勝クラスまではクラスが上がるにつれて連対率が上がっていきます。オープン特別、GⅡ＋GⅢの勝ち切りぶりも好材料。

またダートでも、3勝クラスの連対率が未勝利戦や下級クラスより高いし、オープン特別や重賞でも遜色がありません。

●芝は父キングカメハメハ系、ダートはエーピーインディ系が突出

⑨芝の父馬別では、リオンディーズがロードカナロアを上回っているのが興味深い。ともにキングカメハメハ系でもあります。またレイデオロ、ルーラーシップ、アポロキングダムも悪くなく、**キングカメハメハ系×マンハッタンカフェの芝での相性**は、かなり良さそうです。

他では凱旋門賞馬バゴとの呼応ぶりも素晴らしく、複勝率は4割超え。なお、ここに挙げたTOP3は、どれも回収値が単勝・複勝ともに100を超えているのも特筆できます。

⑩ダートでは、メイショウハリオを出したパイロとの組み合わせが最高で、単勝回収値は113。これと3位のマジェスティックウォリアー、連対率ではTOP3漏れでしたが複勝率1位のシニスターミニスターが【17－5－12－59】で単勝回収値139、複勝回収値103。この3頭の種牡馬はすべてエーピーインディ系であり、**ダートにおいてはエーピーインディ系×BMSマンハッタンカフェはニックス認定**していいでしょう。

⑤コース別【芝】連対率TOP3（20走以上）

	1着	2着	3着	4着以下	連対率	複勝率
東京・芝2000m	6	4	2	30	23.8%	28.6%
阪神・芝2400m	4	1	0	16	23.8%	23.8%
函館・芝1800m	5	1	0	20	23.1%	23.1%

⑥コース別【ダート】連対率TOP3（30走以上）

	1着	2着	3着	4着以下	連対率	複勝率
中京・ダ1900m	7	4	3	23	29.7%	37.8%
中京・ダ1400m	7	10	4	52	23.3%	28.8%
京都・ダ1900m	2	6	1	29	21.1%	23.7%

⑦芝【クラス別】成績

	1着	2着	3着	4着以下	連対率	複勝率
新馬戦	17	18	18	167	15.9%	24.1%
未勝利戦	36	46	41	503	13.1%	19.6%
1勝クラス	34	30	21	314	16.0%	21.3%
2勝クラス	21	15	11	123	21.2%	27.6%
3勝クラス	11	7	4	53	24.0%	29.3%
オープン特別	12	3	5	54	20.3%	27.0%
GⅡ＋GⅢ	12	6	13	89	15.0%	25.8%
GⅠ	2	3	2	27	14.7%	20.6%

⑧ダート【クラス別】成績

	1着	2着	3着	4着以下	連対率	複勝率
新馬戦	13	15	8	93	21.7%	27.9%
未勝利戦	74	62	61	746	14.4%	20.9%
1勝クラス	51	39	41	451	15.5%	22.5%
2勝クラス	27	21	23	240	15.4%	22.8%
3勝クラス	12	10	10	100	16.7%	24.2%
オープン特別	9	12	7	105	15.8%	21.1%
GⅡ＋GⅢ	5	0	1	19	20.0%	24.0%
GⅠ	2	0	1	6	22.2%	33.3%

⑨父馬別【芝】連対率TOP3（30走以上）

	1着	2着	3着	4着以下	連対率	複勝率
リオンディーズ	16	11	8	44	34.2%	44.3%
ロードカナロア	21	27	12	113	27.7%	34.7%
バゴ	6	4	7	22	25.6%	43.6%

⑩父馬別【ダート】連対率TOP3（50走以上）

	1着	2着	3着	4着以下	連対率	複勝率
パイロ	13	9	6	54	26.8%	34.1%
ヘニーヒューズ	16	9	8	69	24.5%	32.4%
マジェスティックウォリアー	8	6	3	42	23.7%	28.8%

母父
データ国内編
10

ゴールドアリュール

父サンデーサイレンス・母の父ヌレイエフ

●芝なら父エピファネイアと好相性

現役の3歳時はダービーでも5着となりましたが、その後はダートで頂点を極めた馬。種牡馬としても2、3年に1頭のペースでダート中距離の王座に就く名馬をコンスタントに送り出し、2023年には短距離とはいえ芝のGI馬も出しました。産駒のJRA通算1000勝も記録した大種牡馬です。17年に死去しているので、母の父としての数も少しずつ減っていくわけですが、すでにオメガパフュームという砂の王者を出し、若い世代ではラムジェットもいて、自身の産駒と似たタイプを出している感じです。

ゴールドアリュールの産駒の牝馬には、やはりダート血統の父を配合してくるケースが多いということか、全成績のうち芝だけを見ると【5－20－13－335】となっています。ヒモならまだしも勝ち鞍は5つだけ。芝では基本的に2、3着付けとなります。

③芝のコース別TOP3は、どれも上がりがかかりそうなコース。もちろん下級条件でとなります。なお連対率のワーストは、場で見ると東京で【0－1－4－45】。切れを要する舞台の適性はやはり薄いことを裏付けています。

④のダートは1位と2位が中山。BMSとしてもパワーを十分伝えていることがわかります。なお中山1200mは全コースの最多勝14勝もマーク。苦手は東京2100mの【0－3－0－26】。ただ、場に広げると連対率の1位は京都で22・6％。複勝率は札幌の33・8％です。

⑤⑥の父馬別では、芝はもう産駒を出さないとはいえ、2位を含めると意味が出てくるので、あえて1位のシンボリクリスエスを消さずに挙げておきます。なぜかというと、2位がエピファネイアだからで、これはつまり父子関係。おそらくこの系統とは相性が良いと思われ、今後も芝ではエピファネイア×BMSゴールドアリュールだけは下級条件で意識したほうがいいでしょう。

ダートでも1位と2位は同じストームキャット系。特にドレフォンの単勝回収値が125あります。

①ゴールドアリュール・BMSとしての代表馬

オメガパフューム（東京大賞典4回、帝王賞、アンタレスS他）
ラムジェット（ユニコーンS、東京ダービー）
アンモシエラ（交流重賞1勝）
ホウオウルーレット、ドウドウキリシマ、ツーエムマイスター他

②BMS期間内成績

	1着	2着	3着	4着以下	連対率	複勝率
通算	158	161	147	1853	13.8%	20.1%

③コース別【芝】連対率TOP3（10走以上）

	連対率	連対数	出走数
福島・芝1200m	20.8%	5	24
小倉・芝1800m	18.2%	2	11
中京・芝2000m	10.0%	1	10

④コース別【ダート】連対率TOP3（100走以上）

	連対率	連対数	出走数
中山・ダ1800m	13.3%	22	166
中山・ダ1200m	13.0%	21	161
東京・ダ1400m	12.9%	21	163

⑤父馬別【芝】連対率TOP3（15走以上）

	連対率	連対数	出走数
シンボリクリスエス	40.0%	8	20
エピファネイア	12.9%	4	31
ドゥラメンテ	7.7%	1	13

⑥父馬別【ダート】連対率TOP3（40走以上）

	連対率	連対数	出走数
ドレフォン	26.6%	17	64
ヘニーヒューズ	24.0%	12	50
ダノンレジェンド	23.9%	11	46

母父
データ国内編
11

シンボリクリスエス

父クリスエス・母の父ゴールドメリディアン

●万能BMS！レイデオロ、ソングラインを輩出

現役時はクラシックこそ勝てませんでしたが、3歳にして天皇賞秋を制覇。有馬記念連覇も含め、強烈な持続力で後続を引き離していく走りぶりで他を圧倒しました。

種牡馬として芝・ダート、そしてマイルから3000mまでGI馬を出す万能ぶりを見せましたが、母の父としてもそれは同じです。すでにダービー馬レイデオロを出し、マイルの女王ソングラインを出し、ダートの交流GI馬アルクトスを出し、本書の対象外ですが障害のオジュウチョウサンも輩出。現在のJRAのBMSでもトップクラスに位置しています。

③芝のコース別TOP3はどれも中距離。もちろん1800m以下が悪いわけではないですが、連対率ではこの3つは特に信頼度が上がります。1位の中京2200mは複勝率では44・1%、2位の東京2400mは同39・3%あり、また3位の札幌2000mは複勝回収値が170の高さです。

④ダートのコース別TOP3も中距離が並びます。特に2位の阪神1800mは単勝回収値120、複勝回収値155あります。なお最多勝は26勝の中山1800m。一方、ダートで大の苦手は福島1150mで【0-0-1-34】です。また場を問わずダート2400mは【0-2-6-38】で勝利なし。

⑤芝の父馬別のTOPはディープインパクトで、複勝回収値も111あります。だいぶ数は減りましたが、今でも人気になることの多いディープ産駒、しかも複勝で回収値が高いのは珍しい。またキズナとは単勝回収値140、複勝回収値100であり、勢いを考えると、ソングラインも出しているこの配合に最も注意すべきでしょう。そして3位のドゥラメンテは、着度数で見ると【2-11-3-43】と、不思議なことにヒモ量産となっています。

⑥のダートではミッキーアイルが1位で、複勝率も40・0%。3位のヘニーヒューズも複勝率は40%あります。ダートでの苦手は父オルフェーヴルで【0-3-2-40】に留まっています。

①シンボリクリスエス・BMSとしての代表馬

レイデオロ(ダービー、天皇賞秋、オールカマー他)
ソングライン(安田記念2回、ヴィクトリアマイル、富士S他)
オーソリティ(アルゼンチン共和国杯2回、青葉賞他)
アルクトス(南部杯2回、プロキオンS他)
アカイイト(エリザベス女王杯)
ランブリングアレー、ウィリアムバローズ、ソーヴァリアント他

②BMS期間内成績

	1着	2着	3着	4着以下	連対率	複勝率
通算	398	367	389	3895	15.2%	22.9%

③コース別【芝】連対率TOP3 (30走以上)

	連対率	連対数	出走数
中京・芝2200m	29.4%	10	34
東京・芝2400m	25.0%	14	56
札幌・芝2000m	24.2%	8	33

④コース別【ダート】連対率TOP3 (140走以上)

	連対率	連対数	出走数
小倉・ダ1700m	20.4%	30	147
阪神・ダ1800m	19.1%	43	225
新潟・ダ1800m	16.4%	26	159

⑤父馬別【芝】連対率TOP3 (50走以上)

	連対率	連対数	出走数
ディープインパクト	39.7%	23	58
キズナ	30.1%	41	136
ドゥラメンテ	22.0%	13	59

⑥父馬別【ダート】連対率TOP3 (40走以上)

	連対率	連対数	出走数
ミッキーアイル	28.9%	13	45
ホッコータルマエ	27.6%	16	58
ヘニーヒューズ	27.1%	23	85

母父データ国内編 12

ステイゴールド

父サンデーサイレンス・母の父ディクタス

●孫たちは、芝は京都、ダートは阪神が鬼門

死後数年経っても、いまだに多くのファンを持つアイドルホース。現役時のなかなか勝てなかった戦績、海外でのＧⅠ初制覇と爆発的な末脚、小さな馬体に激情的な気性と、エピソードに事欠きませんでした。

種牡馬としては、三冠馬オルフェーヴルに、自身に似た暴れん坊タイプだったゴールドシップ、さらにオルフェーヴル同様、凱旋門賞制覇寸前までいったナカヤマフェスタ、春冬のグランプリ馬ドリームジャーニーなど、超一流の実績を残しました。

それを思えば、母の父としては2024年7月終了時点で、ＪＲＡの重賞勝ち馬を2頭しか出せていないことはあまりにも意外。牝馬経由で伝える形質がかなり薄弱と推測するしかありません。期間内の芝での重賞成績は【０－４－０－28】となっています。

③芝のコース別ＴＯＰ３はすべて１８００ｍ以上。また場で見ると、芝では京都が複勝率ワーストの10・４％で、これは阪神の約半分しかありません。ただ④のダートでは真逆。京都の連対率12・０％・複勝率13・３％に対し、阪神の連対率が４・１％・複勝率９・５％と入れ替わるのです。ＢＭＳステイゴールドにとって、芝は京都、ダートは阪神が鬼門なのです。他にダートで苦手としているのは、阪神以外では福島。【１－０－５－41】で、そのうち１７００ｍは【０－０－３－28】と連対がありません。

芝の父馬別成績はかなり変わったラインアップの３頭となっていて、連対率には大きな差がありません。キングカメハメハ×ＢＭＳステイゴールドはほとんど結果を残せませんでしたが、リオンディーズやルーラーシップなどキンカメ産駒世代との相性は、芝なら悪くないようです。

ダートではエピファネイアが突出して高く、それ以外は率が下がっていきます。なおダートで苦手としているのは、芝では結果を出しているルーラーシップで【０－１－０－26】とほぼ全滅状態となっています。

①ステイゴールド・BMSとしての代表馬

ライオンボス(アイビスサマーダッシュ。オープン2勝)
クリスマス(函館2歳S)
ショウナンマグマ(オープン1勝)
ブラッグバゴ(オープン1勝)
ブルーサン、ルクスフロンティア、キャプテンシー他

②BMS期間内成績

	1着	2着	3着	4着以下	連対率	複勝率
通算	106	111	116	1780	10.3%	15.8%

③コース別【芝】連対率TOP3(15走以上)

	連対率	連対数	出走数
中山・芝2200m	31.6%	6	19
札幌・芝1800m	27.8%	5	18
東京・芝2400m	25.0%	4	16

④コース別【ダート】連対率TOP3(20走以上)

	連対率	連対数	出走数
京都・ダ1800m	19.4%	7	36
中京・ダ1200m	12.0%	3	25
中山・ダ1800m	11.3%	8	71

⑤父馬別【芝】連対率TOP3(30走以上)

	連対率	連対数	出走数
ビッグアーサー	25.6%	10	39
リオンディーズ	23.8%	15	63
ルーラーシップ	23.4%	25	107

⑥父馬別【ダート】連対率TOP3(20走以上)

	連対率	連対数	出走数
エピファネイア	36.4%	8	22
マジェスティックウォリアー	20.0%	4	20
アジアエクスプレス	12.5%	3	24

母父
データ国内編
13

タイキシャトル

父デヴィルズバッグ・母の父カーリアン

●芝は父イスラボニータとステイゴールド系で

国内のマイル以下ではほぼ無敵、欧州でもGI制覇して、JRAの年度代表馬、フランスの最優秀古馬選出と世界トップクラスの1頭でした。父デヴィルズバッグはダート色がかなり濃い血統。タイキシャトルも重賞初制覇はユニコーンSでした。しかしその後の走りを見ると、母の父であるカーリアン（ニジンスキー系）の指向性が強く出た馬と思われます。

ただ、種牡馬としてはその偉業に見合うだけの成果が上がらず、JRAのGI馬は2頭だけ。むしろ母の父としてのほうが、①代表例のように大駒を出しています。また、母の父として出した馬たちを見ると、軽快なスピード型というよりはパワータイプで、このへんはやはりニジンスキー系の特徴を伝えているようです。

③芝の連対率上位のコースはご覧の3つですが、ぜひ補足したいのは場別の成績。函館【10－6－8－51】で単勝回収値109、複勝率32・0％。札幌が【8－4－6－54】、複勝回収値125あり、洋芝適性を発揮しています。さらに面白いのは京都で【0－1－9－52】と極端な数字となっています。

④ダートではどのコースも成績が平均化していますが、新潟1800mだけは【0－3－3－43】と不振。

⑤芝の父馬別成績は、意外な種牡馬イスラボニータが首位。単勝回収値は218もあり今後要チェックです。

そしてTOP3には入っていないものの、特筆すべきはステイゴールド系との相性の良さ。ゴールドシップ【4－1－2－9】、ナカヤマフェスタ【4－0－1－11】、フェノーメノ【2－2－0－12】、ウインブライト【1－0－2－1】、ショウナンバッハ【0－2－2－5】となっており、唯一オルフェーヴルとは【1－3－1－18】と目立つ数字ではありません。そのオルフェーヴルは⑥のダートでは連対率TOPなのですから、これは面白い。

なおカネヒキリはダートで該当出走数を満たし、連対率もランクインするのですが、現存産駒がごく少ないので除外しました。

①タイキシャトル・BMSとしての代表馬

ストレイトガール（ヴィクトリアマイル2回、スプリンターズS他）
ワンアンドオンリー（ダービー、神戸新聞杯他）
レーヌミノル（桜花賞、小倉2歳S）
バビット（セントライト記念、ラジオNIKKEI賞）
ゴールドクイーン（葵S、かきつばた記念他）
ファインチョイス、サンライズアムール他

②BMS期間内成績

	1着	2着	3着	4着以下	連対率	複勝率
通算	152	151	190	2163	11.4%	18.6%

③コース別【芝】連対率TOP3（20走以上）

	連対率	連対数	出走数
新潟・芝1200m	33.3%	7	21
福島・芝1800m	29.6%	8	27
函館・芝1200m	24.4%	11	45

④コース別【ダート】連対率TOP3（60走以上）

	連対率	連対数	出走数
中京・ダ1800m	21.7%	13	60
阪神・ダ1200m	18.8%	13	69
阪神・ダ1800m	18.3%	17	93

⑤父馬別【芝】連対率TOP3（20走以上）

	連対率	連対数	出走数
イスラボニータ	37.0%	10	27
ロードカナロア	33.3%	9	27
ダイワメジャー	31.7%	13	41

⑥父馬別【ダート】連対率TOP3（20走以上）

	連対率	連対数	出走数
オルフェーヴル	33.3%	8	24
キンシャサノキセキ	30.2%	19	63
ザファクター	20.0%	5	25

母父
データ国内編
14

ダイワメジャー

父サンデーサイレンス・母の父ノーザンテースト

●重賞で孫ムスメが強い！BMSとして異色の存在

当初はなかなかGⅠ馬の出なかった、ベストtoベストである「サンデーサイレンス×ノーザンテースト」配合の代表馬。種牡馬としてはとにかく息が長く、2012年に産駒初のGⅠ馬を出してから、11年後の23年にもアスコリピチェーノがGⅠを勝っています。そして産駒の芝GⅠ勝利はすべてマイル以下です。

そしてこれはBMSダイワメジャーを語るうえで最大のポイントなのですが、24年7月現在、地方交流含む重賞勝ち馬が7頭いて、それらがすべて牝馬ということ。単純な総合成績には性差がほとんどないので、これは重賞に限った事象となります。父馬としてならこうした差が出る例はありますが、母の父馬としてここまで極端に出るのはとても珍しいことです。

「GⅠ勝ちはすべてマイル以下」と述べましたが、③芝のコース別を見ると2000mのコースが1、2位。阪神2000mは複勝率でも41・9%、また2位の東京2000m、3位の新潟1200mはともに複勝回収値が110を超えています。④ダートのコース別はほぼ平均的ですが、極端なのは阪神1200m【2－10－4－66】、新潟1800mが【1－3－3－45】あたりです。

⑤芝の父馬別のTOP3はどれもミスプロ系。1位のキングカメハメハは単勝回収値211、2位のアドマイヤムーンは複勝回収値が100あります。面白いのはリオンディーズで（これもミスプロ系ですが）、キングカメハメハ産駒の種牡馬ながら【1－7－2－35】と勝ち切れなさが目立っています。

また⑥のダートでは【0－0－1－23】であり、リオンディーズとは相性が良くないと判断できます。ただTOP3のうち2頭はこちらもミスプロ系。そして非ミスプロ系の2位モーリスは、芝でも複勝率は32・3%あって、単体の種牡馬としては相性が良さそうです。なおサウスヴィグラスは、ダートで該当出走数を満たし連対率もランクインするのですが、現存産駒がかなり少ないので除外しました。

①ダイワメジャー・BMSとしての代表馬

ナミュール（マイルCS、チューリップ賞他。安田記念2着、秋華賞2着）
グランブリッジ（地方交流重賞4勝）
ショウナンナデシコ（かしわ記念他地方交流重賞4勝）
キミワクイーン（函館スプリントS）
モリアーナ（紫苑S）
グランオフィシエ、レッドゲイル他

②BMS期間内成績

	1着	2着	3着	4着以下	連対率	複勝率
通算	254	272	213	2753	15.1%	21.2%

③コース別【芝】連対率TOP3（25走以上）

	連対率	連対数	出走数
阪神・芝 2000m	35.5%	11	31
東京・芝 2000m	34.6%	9	26
新潟・芝 1200m	25.0%	8	32

④コース別【ダート】連対率TOP3（40走以上）

	連対率	連対数	出走数
福島・ダ 1150m	21.7%	10	46
新潟・ダ 1200m	21.3%	17	80
福島・ダ 1700m	19.5%	8	41

⑤父馬別【芝】連対率TOP3（20走以上）

	連対率	連対数	出走数
キングカメハメハ	34.8%	8	23
アドマイヤムーン	30.4%	7	23
マクフィ	29.6%	8	27

⑥父馬別【ダート】連対率TOP3（30走以上）

	連対率	連対数	出走数
ダンカーク	25.8%	8	31
モーリス	24.2%	8	33
ロードカナロア	21.4%	18	84

母父データ国内編 15

ブライアンズタイム

父ロベルト・母の父グロースターク

●ダートの連対率・複勝率ともに高いのが父リオンディーズ

現役時は北米の一流馬、日本で種牡馬入り。父としてはナリタブライアンなど数々の名馬を出しましたが、トニービンやサンデーサイレンスの全盛期とぶつかり、リーディングは獲得できず。

２０１３年に他界していますが、それでもまだ母の父としては多くの馬が在籍しています。ただ、意外にもディーマジェスティ以外に、春の牡牝クラシックを勝つ馬が出ていません。パワーを強く伝えすぎているようなところもあり、近年活躍が目立つダートのほうに寄るのかも……。

なお、①の代表例に漏れた馬ではサンライズペガサス、ハタノヴァンクールなどがいます。

③芝のコース別は、ＴＯＰ３すべて単勝回収値が１００を大きく超えています。中山２０００ｍが１６４、中京１６００ｍが３８８、中京１２００ｍが１１８。馬券的にもアタマで買っても妙味があるコースです。

なお、勝ち切れないのが中山１２００ｍで【０－４－３－37】、苦手は東京１４００ｍ【１－４－１－42】、中京でも１４００ｍだけは【０－１－０－23】と不振です。また競馬場で見ると、札幌は【２－７－３－75】と買うにしてもヒモまでとなります。

④ダートのＴＯＰ３も回収値が高くて、京都１２００ｍは複勝回収値が１８０、阪神１２００ｍは同１１１、小倉１０００ｍが同２４４。いずれも短距離である点に注目です。なおダート１０００ｍは場を問わず安定していて、複勝率でほぼ３割、複勝回収値１４９あります。一方、京都のダート１４００ｍは【１－４－５－30】と極端に勝てません。

⑤⑥の父馬別では、芝で出走数の多いルーラーシップとの極端な数字を補足します。【０－２－５－49】と買うにしても３着までか。ダートでは、ＴＯＰのリオンディーズとは連対率だけでなく複勝率も40％、複勝回収値１９２に達します。**ダートでのリオンディーズ×BMSブライアンズタイムはニックス**といえるでしょう。

①ブライアンズタイム・BMSとしての代表馬

エスポワールシチー(フェブラリーS、JCダート、かしわ記念3回他)
ビートブラック(天皇賞春)
ナランフレグ(高松宮記念)
クリンチャー(京都記念、みやこS他。菊花賞2着)
エルトンバローズ(毎日王冠、ラジオNIKKEI賞)
タイムフライヤー(ホープフルS他)、ミューチャリー、ミックファイア他

②BMS期間内成績

	1着	2着	3着	4着以下	連対率	複勝率
通算	223	243	277	2677	13.6%	21.7%

③コース別【芝】連対率TOP3(35走以上)

	連対率	連対数	出走数
中山・芝 2000m	22.9%	11	48
中京・芝 1600m	18.6%	8	43
中京・芝 1200m	16.2%	6	37

④コース別【ダート】連対率TOP3(30走以上)

	連対率	連対数	出走数
京都・ダ 1200m	25.7%	9	35
阪神・ダ 1200m	24.1%	27	112
小倉・ダ 1000m	23.1%	9	39

⑤父馬別【芝】連対率TOP3(30走以上)

	連対率	連対数	出走数
ディープブリランテ	30.0%	9	30
ヴィクトワールピサ	18.9%	14	74
ブラックタイド	16.4%	10	61

⑥父馬別【ダート】連対率TOP3(20走以上)

	連対率	連対数	出走数
リオンディーズ	34.3%	12	35
ジョーカプチーノ	27.3%	9	33
ドレフォン	26.1%	6	23

母父データ国内編 16

ロージズインメイ

父デヴィルヒズデュー・母の父スピークション

これこそヒモ量産の典型で、1勝だけなのに複勝率36・0%、同回収値が103あります。また新潟芝も【4－11－10－58】で、洋芝野芝は関係なし。複勝回収値167に達しています。

芝では道悪での狙いが立ちます。重・不良時は【7－9－8－44】で、重馬場の複勝回収値150、不良では同231もあります。芝の道悪は母父ロージズインメイを常に一考。

④ダートのコース別では不振コースを補足。中山1800mが【1－1－1－36】、東京1600mが【0－1－0－26】です。

⑥ダートの父馬別成績では、シニスターミニスターとの相性が素晴らしい。中級クラスまでになりますが、連対率はご覧の38・2%、複勝率は驚異の55・9%。【3－10－6－15】となかなか勝ち切れないのですが、これはニックス認定できます。

なお、ダートではゴールドシップとの相性は悪くて【0－0－0－10】、そして大種牡馬ヘニーヒューズとは【0－2－1－18】で意外と良くありません。

●ダート系が優勢も、コレなら芝でも狙いが立つ

現役時代はドバイワールドCを制覇。サンデーサイレンスと同じヘイロー系ながら、タイキシャトルのようにサンデーを経由しない分枝となります。産駒で出世馬の大半はダート。逆に母の父としては、①代表例をご覧になればわかるように逆に出ていて、クリノドラゴン以外は芝馬が出世しています。

ただ、この馬は故・岡田繁幸氏が導入したため、牝馬産駒の配合相手もステイゴールド～ゴールドシップやスクリーンヒーローなど、マイネル・グループ関係の種牡馬が中心で、出世馬はその配合が多め。クラシックホースや重賞勝ち馬も出ていて、相性が良いことは明らかなのですが、他の父系と配合した場合がどうなるのか、そのあたりはまだ判別ができません。

③芝のコース別首位の東京1800mでは、単勝回収値も195とても高い。3位の小倉1800mも同様で、複勝回収値が145あります。なお極端なのは、函館芝が【1－7－10－32】。

①ロージズインメイ・BMSとしての代表馬

ユーバーレーベン（オークス）
マイネルファンロン（新潟記念）
コガネノソラ（クイーンS）
マイネルウィルトス（オープン1勝、重賞2着3回）
クリノドラゴン（浦和記念）
ウインピクシス、マイネルジェロディ他

②BMS期間内成績

	1着	2着	3着	4着以下	連対率	複勝率
通算	83	109	101	929	15.7%	24.0%

③コース別【芝】連対率TOP3（20走以上）

	連対率	連対数	出走数
東京・芝 1800m	32.3%	10	31
中山・芝 2000m	23.7%	9	38
小倉・芝 1800m	20.8%	5	24

④コース別【ダート】連対率TOP3（20走以上）

	連対率	連対数	出走数
阪神・ダ 1800m	24.2%	8	33
小倉・ダ 1700m	20.0%	4	20
中山・ダ 1200m	14.3%	5	35

⑤父馬別【芝】連対率TOP3（30走以上）

	連対率	連対数	出走数
ゴールドシップ	22.4%	57	255
ハーツクライ	20.5%	8	39
スクリーンヒーロー	15.9%	31	195

⑥父馬別【ダート】連対率TOP3（30走以上）

	連対率	連対数	出走数
シニスターミニスター	38.2%	13	34
アスカクリチャン	21.2%	7	33
ジョーカプチーノ	13.3%	4	30

〈3章のオマケ〉マイナー？母父のクセと買い消し

血統を定点観測していると、しばしば目にする事例があります。

それはかなりマイナーな母の父馬（とはいえ、種牡馬ですから競走馬としてはメジャー、あるいは名馬です。あくまで繁殖として不振だった地味な種牡馬という意味）が、人気薄で好走すること。父馬が有名種牡馬でないからこその人気薄ということもあり、また近走着順に関係なく激走することも珍しくありません。

この3章の終わりに、オマケ？として、そんな存在のＢＭＳから強調しておきたい種牡馬の買いどころ、消しどころを紹介しておきます。頭数が少ないので、見かけたら即買い（消しポイントを出しているケースでは即消し）でいくべきだと思います。

●スズカマンボ

現役時は天皇賞春を勝っていて、血統的にはダンス一族に属する良血。種牡馬としてもオークスと秋華賞を勝った二冠牝馬メイショウマンボを出しましたが、それ以外は大きく活躍した馬は出せませんでした。

表1に出したように、出走数が圧倒的に多いダートのほうが率も高く、特に複勝率は芝の2倍近くとなります。複勝回収値も、芝の34に対しダートは114。これが牝馬に絞ると、136まで上がります。

表1●母の父スズカマンボ成績

	1着	2着	3着	4着以下	連対率	複勝率
芝	4	4	1	59	11.8%	13.2%
ダート	20	23	18	180	17.8%	25.3%

また牝馬の中京ダート１４００ｍは【4－1－2－10】で、3着以内7回は3頭でマーク。また牝馬の東京ダート１４００ｍは【1－3－2－9】で、3着以内6回は4頭でマークしたものです。特定の馬に偏ったわけではありません。この条件下に絞れたケースでは、人気がなくても臆せず買いたいものです

●スターリングローズ

アフリート産駒で現役時はダートで活躍し、ＪＢＣスプリントやかしわ記念、プロキオンＳ、シリウスＳ他の重賞を勝ちまくりました。アスカクリチャンが代表産駒。

そのアスカクリチャンが芝重賞の勝ち馬だったように、ＢＭＳとしてのスターリングローズの成績を率で見ると、芝・ダートでほとんど差はありません。

ただ、芝では【5－10－4－111】に対し、ダートが【10－6－8－154】で、芝のほうが詰めが甘くなる傾向があります。とはいえ、回収値では単勝109、複勝147で芝のほうが断然高く、つまりBMSスターリングローズは芝で人気薄が走るということ。ちなみにダートの回収値は単勝67、複勝88です。

ただ、芝でも2勝クラスになると【0－1－0－23】で、大半は1勝クラス以下の下級条件。また距離では芝2000mになると【0－1－0－22】であり、1800m以下の下級条件の人気薄で見つけたら……ということになります。

ダートでは、不思議なことに好走コースが3つに絞られてきます。中山1200mが【3－2－1－31】、同1800mが【3－1－1－12】、小倉1700mが【2－1－1－4】。この3つを合わせると【8－4－3－47】で複勝率24・2%。それ以外は【2－2－5－107】で、複勝率はわずか7・8%なのです。

●スパイキュール

サンデーサイレンス産駒で、デビューはなんと3歳8月。ダートでは8戦7勝・2着1回と底を見せないまま（芝は2戦し着外）、故障のため引退。重賞勝ちはなかったのですが、種牡馬となりました。カンパニーやトーセンジョーダンの近親ながら、芝ではまったくダメだったのが不思議。種牡馬としては中央で活躍馬を出せないまま韓国へ転出しています。

BMSスパイキュールも、芝【0－1－1－23】とほとんどダメで、ダートは【7－7－6－111】。ただし2勝クラス以上になると【0－4－1－24】で勝てなくなっていて、1勝クラス以下では【7－3－5－87】。買うならこの条件となります。

さらに絞るなら、ローカルダート（函館・札幌・福島・新潟・小倉）は合計して【0－1－1－25】と苦手。そして重・不良は【1－0－1－23】でこれも苦手。

なら中央場所ならすべて良いかというと、そうではなくて、中山ダート1800mは【0－0－0－13】、東京1600mは【0－0－1－12】とダメ。また年齢でみると5歳以上は【0－0－0－20】なのです。

消せるポイントで絞った結果、逆に買える条件は「中山ダート1800mと東京ダート1600m以外の中央場所のダート良馬場、かつ1勝クラス以下の4歳以下」。これをすべて満たす馬だけが、BMSスパイキュールの狙いとなります。

●ノボジャック

フレンチデピュティ産駒の外国産馬で、同産駒の日本初の成功例でした。2歳時は芝重賞の2着もありましたが、3歳以降はダートが主戦となります。中央の重賞は勝てませんでしたが、JBCスプリントをはじめ地方交流重賞を9勝。種牡馬としても中央の重賞を勝つ産駒は出せず、地方交流重賞までのでした。

芝・ダートの勝率、連対率、複勝率を並べてみると、BMSノボジャックは、自身の現役時や父馬時と真逆に芝のほうが圧倒的に高くなっているのが面白いところ（表2）。ただ、父フレンチデピュティやその代表産駒クロフネが、ともに出世産駒は芝に偏っているだけに、ノボジャックも血の本質はそちらなのかもしれません。

表2●母の父ノボジャック成績

	勝率	連対率	複勝率
芝	14.1%	24.2%	32.3%
ダート	5.3%	6.6%	10.5%

芝では距離が不問。特に新潟の芝は【2－3－1－7】で、3着以内6回は3頭がマークしたものです。京都の芝は【4－0－2－5】ですが、3着以内の6回は1頭のBMS産駒の成績なので、他のケースに広げられるかどうかはわかりません。

また芝の新馬戦は【2－2－1－2】で、出走回数は極少ないのですが、見かけたら必ず買わないといけないレベル。

ダートの2歳戦は【0－0－0－9】で走れていません。なおダートは距離不問です。

●マヤノトップガン

最後はこの馬です。ブライアンズタイム初期の代表産駒の1頭で、現役時は菊花賞、天皇賞春、有馬記念、宝塚記念制覇を達成し、中長距離の頂点に立ちました。

ナリタブライアンやマーベラスサンデーを負かし、サクラローレルとも互角に戦って、名馬が揃った時代にこれだけの実績を残したのは称えられます。

種牡馬としてはパワー、スタミナタイプの産駒が大半を占め、目黒記念の勝ち馬を3頭も出したあたりが象徴的。

ではBMSマヤノトップガンはというと、これがかなり個性的。

芝もダートも、年齢の伸びしろがほとんどないのが特徴で、芝でその傾向が強く、ダートもいくらかマシながら、5歳になるともう勝てなくなっています（表3）。

表3●母の父マヤノトップガン成績

		1着	2着	3着	4着以下	連対率	複勝率
芝	2歳	4	7	4	53	16.2%	22.1%
	3歳上	0	4	4	97	3.8%	7.6%
ダート	5歳上	0	2	3	56	3.3%	8.2%

だからクラスでは、芝の新馬戦が最も良く、【3－2－1－26】で複勝回収値は142あります。そして未勝利戦でもう【1－6－5－81】と勝ち切れなくなり、1勝クラスでは【0－2－2－30】と勝てなくなるという有り様。

芝の距離では短いところに集中していて、1800m以上は【0－2－3－57】です。マヤノトップガンのイメージに引っ張られると、BMSの場合は真逆の結果になってしまいます。なおこれはダートでも同じで、1900m以上は【0－0－0－14】。

ダートで場別を見ると、東京が【0－4－8－57】で詰めの甘さがはなはだしいことになっています。安定度が高いのは中京で【3－3－4－23】、複勝率30・3%、単勝回収値115、複勝回収値171。ダートは中京に絞ってもいいかもしれません

以上が、私が経験則で目をつけている「クセツヨBMS5人衆」。ここ以外ではほとんど指摘されてないことばかりだと思うので、ぜひひっそりと？　使ってみてください。

★4章を読む前に……

この4章では、主な系統別に、母の父に入ったときの大まかな傾向を紹介していきます。

加えて、各系統に属する種牡馬から取り上げるべき価値がありながらも、ここまで書きそびれていたものもデータで分析します。

この章は、お手数ですが巻末②の「主要【父】系統図」を、その都度引き比べながらお読みくださることをお勧めします。

主要【父】系統図（P 179 ～ 190）

第4章

ミスプロ系、ストームキャット系…

コレで急所が見えた！ BMS《ブルードメアサイアー》の系譜

母の父ミスタープロスペクター系

●タイプが違う「キングマンボ系」は別口と考えよう

通称「ミスプロ系」……と、ひと口にいっても、そこからの分枝が広がっていて同一で語れるものではありません。

ザックリと「ダート血統」というイメージをお持ちの方が多いとは思いますが、ここまでお読みになってわかるように、BMSとしてもダートで買っておけばいいと思っていると、痛い目に遭います。

BMSとしてのミスプロ系を扱う場合に、絶対に押さえておくべきポイントは、「キングマンボ系のライン&マキャヴェリアンのライン」は、他のミスプロ系とは別枠とする、ということ。

BMSキングマンボ系は、巻末②の「主要【父】系統図」をご覧になるとわかりますが、基本的には「欧州的な芝適性、時計のかかる芝を得意とするようなパワー」が本分であり、その要素を母経由で伝えていくことになります。

他のミスプロ系は、フォーティナイナーのラインに代表されるような「スピードの持続力」なのですが、キングマンボ系は人間でいえば筋骨隆々のレスリングや、重量挙げの選手から想定されるような類のパワーなのです。

漠然とした表現になりますが、キングマンボ系ラインのBMSは、そのパワーを通じて、孫たちに「スケール感」とでもいうような要素を与えます。

例えば、近10年の春のクラシック優勝馬において、母の父がミスプロ系の馬をチョイスすると、非キングマンボ系はたくさんラインがありながらも、二冠牝馬スターズオンアース（BMSスマートストライク）と、三冠馬コントレイル（BMSアンブライドルズソング）、そして皐月賞馬エポカドーロ（BMSフォーティナイナー）の3頭だけ。

その他の母父ミスプロ系のクラシック優勝馬6頭は、BMSキングカメハメハを中心としたBMSキングマンボ系だけなのです。

＊BMSキングカメハメハ→ワグネリアン、デアリングタクト、ジオグリフ、ソダシ、チェルヴィニア

＊BMSルーラーシップ→ステレンボッシュ

キングマンボのようなスケールは、BMSマキャヴェリアンも伝えてきました。キングマンボよりパワーは劣りますが、同じような作用を有していて、母の父として世界的な大成功を収めました。

ただキングマンボの能力は、そのラインに属する種牡馬全体に広がりつつありますが、BMSマキャヴェリアンの場合は本体だ

※集計期間はいずれも2020年1月5日～24年7月21日。平地戦のみ

けで、その子孫の種牡馬は母の父としての成果を挙げているとはまだ言いがたい（父馬としてなら別）です。もうＢＭＳマキャヴェリアンは年代的に日本にはほぼ存在しませんが、その子や孫の種牡馬が母の父になっている場合は、その特性がかなり薄まってしまうのでは？　と推察します。

　単体のＢＭＳキングカメハメハについては、前の章で詳細に分析してきました。では、その他のＢＭＳミスプロ系について、ここから概観を述べていきます。

●フォーティナイナー・ラインの補足

01スウェプトオーヴァーボード
02アドマイヤムーン

　日本の競馬において、ミスプロ系からキングマンボのラインに次いで影響力を与えているのはフォーティナイナーのラインです。そのうち、フォーティナイナー、コロナドズクエスト、トワイニング、ディストーテッドヒューモアについては、第2章で述べました。ここでは、同ラインからスウェプトオーヴァーボードとアドマイヤムーンを補足します。

　スウェプトオーヴァーボードは、父馬としてはスイープトウショウが出世頭、他にはパドトロワやレッドファルクスを出しました。母の父馬としては、グローリーヴェイズを筆頭に、ヤマニンウルス、ヤマニンサンパ、ニホンピロキーフなどがオープンに在籍し、今後も層が厚くなっていくと思われます。

　特徴としては、上の表を見てもわかるように、年齢による成績の落ち方が早期にやってくること。芝もダートも6歳になると、ほぼ期待ができなくなります。ダートでは、6歳どころか5歳でもう衰えの兆候がハッキリ出てきて、【1-6-10-63】とまったく勝てずにヒモ量産型ＢＭＳとなります。

　距離では、印象からは最も成績が上がりそうな短距離では勝ち切れなさが目立ちます。これは芝でもダートでも同じで、芝1200mでは表のようにヒモ、特に2着量産。しかし1800m+

●母の父スウェプトオーヴァーボード成績

6歳以上	1着	2着	3着	4着以下	連対率	複勝率
芝	0	1	1	24	3.8%	7.7%
ダート	0	1	1	36	2.6%	5.3%

芝・ダート	1着	2着	3着	4着以下	連対率	複勝率
ダ1200m	8	27	10	128	20.2%	26.0%
芝1200m	6	15	7	102	16.2%	21.5%
芝1800m＋2000m	19	8	18	112	17.2%	28.7%

データはいずれも2020～24年7月21日

２０００ｍでは1着と3着の回数が大幅に増え、逆に2着が減少するのです。

　ダートでは、中距離でもここまでの変化は出ませんが、１２００ｍに比べれば着順の数は平らになってきます。またダート１０００ｍでは【1－3－5－24】であり、１２００ｍ同様のヒモ傾向を見せています。

　あと、まだこれからのＢＭＳということもあるのですが、出世馬が少ない。集計期間内の芝ではオープン特別、重賞で【1－0－5－23】止まり。ダートではヤマニンウルスしかオープン在籍がいません（２０２４年7月末現在）。

　そもそも、2勝クラスでの成績が【2－11－9－90】という、「勝ち切れなさも、ここに極まれり」というイメージの成績になっています。

　アドマイヤムーンは、父馬としてはハクサンムーンやファインニードルを出し、母の父としては２０２４年札幌記念を勝ったノースブリッジや、ダート短距離が主戦場のチェイスザドリームなどを出しています。

　アドマイヤムーンにも、スウェプトオーヴァーボードと同じく、年齢による衰えがハッキリしてくるラインがあります。ただしスウェプトよりも粘りが利くようで、芝では下の表のように7歳以上、ダートでは6歳以上となっており、しかもヒモなら有効という数字になっています。それにしても、2着が膨らむのはスウェプトと似通っていて興味深いところ。

　またコース別では、芝では中京で3着量産、ダートでは小倉で2、3着量産型ＢＭＳとなります。

●母の父アドマイヤムーン成績

馬齢/芝・ダ	1着	2着	3着	4着以下	連対率	複勝率
7歳以上・芝	0	1	2	35	2.6%	7.9%
6歳以上・ダート	2	12	5	73	15.2%	20.7%

注目コース	1着	2着	3着	4着以下	連対率	複勝率
中京・芝	2	4	12	83	5.9%	17.8%
小倉・ダート	1	8	7	78	9.6%	17.0%

　なお距離やコースでは他にも面白い傾向、極端な傾向が出ているケースがあって、距離ではダート１９００ｍ以上になると【1－5－2－40】、芝では２４００ｍ以上で【1－6－7－35】と似た推移になり、延びると勝てない傾向が顕著となります。

　またコースでは新潟直線１０００ｍで【5－4－1－16】と好成績で、3着以内10回は3頭によるもの。また東京芝１４００ｍ【1－4－4－32】、東京芝１６００ｍが【1－0－1－29】と不振になります。

こうしたヒモ量産現象は、2章で扱った他のフォーティナイナー・ラインのBMSではそれほど目立っておらず、どうもエンドスウィープの枝に共通した勝負弱さともいえるかもしれません。

　なお、フォーティナイナーのライン自体は、キングマンボ・ラインとは違って、BMSとしてはそれほどパワーを伝えているわけではなく、どちらかというと同じパワーでもスピードの持続力を伝えている印象があります。その分が、大舞台で今イチという結果につながっているのではないでしょうか。

●ゴーンウエスト・ラインの補足

03 ゴーンウエスト
04 イルーシヴクオリティ

　他のミスプロ系、アンブライドルドのラインからはアンブライドルズソングとエンパイアメーカーについて第2章で触れました。またスマートストライク～カーリン、そしてアフリートやストリートクライもそちらで取り上げています。

　この第4章で補充したいのは、ゴーンウエスト～イルーシヴクオリティのラインです。巻末②の「主要【父】系統図」をご覧になっておわかりのように、ミスプロ系の中でもゴーンウエストのラインは日本競馬に関係する多くの種牡馬を出しています。

●母の父ゴーンウエスト成績

東京	1着	2着	3着	4着以下	連対率	複勝率
芝	0	0	1	33	0.0%	2.9%
ダート	4	3	2	41	14.0%	18.0%

中山	1着	2着	3着	4着以下	連対率	複勝率
芝	0	1	0	14	6.7%	6.7%
ダート	4	0	4	31	10.3%	20.5%

　スパイツタウンのようにダート特化型の種牡馬もいますが、多くは芝兼用、あるいは芝向きで、全体を見ると、ミスプロ系の中では父馬としてはキングマンボに続く芝向きのラインです。日本ではザフォリアやスイートオーキッドが芝重賞を勝ち、ビクトリーテッツニーがダート重賞を勝っています。

　BMSゴーンウエストは、海外では数々の一流馬をやはり芝・ダート問わず輩出しており、日本では芝ではアフリカンゴールドやシャインガーネット、ダートではジャスティンやアポロケンタッキーを出していて、やはり芝・ダート兼用型になっています。

　ただ芝向きといっても、BMSの場合は東京芝、中山芝ではまったく走れていません。また6歳以上の芝では【1-1-0-32】、ダートでは【1-0-2-39】であり、5歳までの狙いとなります。

　ダートでのBMSゴーンウエストは芝とは一転、右上の表の通り東京と中山で堅実となります。東京での率ではそれほど驚くものではないですが、複勝回収値が136あって、人気薄が走っています。

距離別で見た場合のBMSゴーンウエストは、芝2200m以上で【1-1-2-21】と不振、また芝1200mでは【0-5-2-24】とヒモには来ても勝てなくなっています。

●母の父イルーシヴクオリティ成績

馬齢/芝・ダ	1着	2着	3着	4着以下	連対率	複勝率
5歳以上・芝	1	1	0	31	6.1%	6.1%
6歳以上・ダート	1	0	0	38	2.6%	2.6%

クラス/芝・ダ	1着	2着	3着	4着以下	連対率	複勝率
重賞・芝	0	0	0	15	0.0%	0.0%
OP以上・ダート	0	0	0	22	0.0%	0.0%

しかしダートの1200mは真逆。なんと【10-1-3-58】となり、勝つか消えるか極端となって、単勝回収値は163もあります。

このゴーンウエストの代表産駒の1頭がイルーシヴクオリティです。北米デリーディングサイアーを獲得しましたが、現役時はGI未勝利。ゴーンウエストもGIは1勝だけだったので、現役時と種牡馬としての成績が真逆に出ているラインでもあります。

そしてこちらも芝・ダート兼用傾向が強く、父としての初のGI勝ちはフランスでモルニ賞を勝ったイルーシヴシティ（アドマイヤビルゴのBMS）であり、その直後に米二冠のスマーティジョーンズを出したのです。その他にはレイヴンズパス（タワーオブロンドンの父）、クォリティロードなどが日本で父、あるいは母の父として関わっている種牡馬です。

母の父としてのイルーシヴクオリティは、日本では2014年の阪神JF勝ち馬ショウナンアデラが代表格となります。

BMSとしては日本ではその後の活躍馬を出せていないことからも推測できるように、馬場との相性はあまり良くないようで、上の表に出したように芝では重賞、ダートではオープン特別になるとまったくダメ。また年齢の壁も早くて、芝では4歳まで、ダートでは5歳までが賞味期限という、かなりの早熟性を伝えてしまっているようです。

その証拠は、新馬戦なら必須ともいえる成績にもあります。芝の新馬戦は【2-2-2-7】、ダートの新馬戦は【3-2-1-9】。出走数は少ないながらも、BMSイルーシヴクオリティを新馬戦で見かけたら即買いのレベルです。なお、ダートの1勝クラスも【6-0-5-24】という好成績となっています。

このようにBMSゴーンウエスト~イルーシヴクオリティのラインは、得意なところではやたら走るけれど、それ以外は淡白で、勝

早熟性も強いという傾向が出ています。

母の父ストームキャット系

●父ディープインパクトとのニックスで実績

父系、母の父系、その両方において、今や世界的に最も強い影響力を与えている系統といえるでしょう。

しかし日本では、父系としての影響力は、現在では主にヘニーヒューズを中心にダートのオープン特別以下、芝では新興勢力のブリックスアンドモルタルが台頭してきた程度で、むしろこれからという印象ですが……母の父としては本体のストームキャットが、第1章で述べたようにディープインパクトとの配合を中心に多数のGI馬を送り出しており、また第2章で取り上げたジャイアンツコーズウェイも結果を出しています。

さらにヘネシーも、フェブラリーSや安田記念を制したモズアスコットのBMSとして知られています。新しいところではシャマーダルやイントゥミスチーフ、ハーランズホリデイなども、今後BMSとして厚みを増す予兆を感じています。

BMSストームキャット系の特徴は、あくまで個人的見解ですが、キングマンボ系ほどのパワーはなく、ダンチヒ系ほどの軽さ、スピードもないという感じです。

こう書くと、ネガティヴな印象になってしまいますが、逆にいえば両方の長所を兼備しているというほうが実像に近い。パワーがあり過ぎない分、キングマンボ系よりも時計対応はできるし、ミスプロ系（キングマンボ系除く）よりも底力がある分、大舞台に強い。またダンチヒ系より速さに欠ける分、持続力が強いというイメージです。

●ストームキャット・ラインの補足

05テイルオブザキャット
06ハーランズホリデイ
07スキャットダディ

BMSストームキャット系から補足したいのは3頭。まずBMSテイルオブザキャットです。芝の勝ち上がり率がなんと42・1%の高さというのは、私も今回調べるまでまったくの予想外。

特に芝の2歳戦は【3-3-2-11】の安定度です。しかし、芝の3勝クラス以上では【1-2-3-57】と不振であり、芝では能力の天井が低いことがわかります。あと、芝では距離の限界があり、2200m以上は【1-0-0-18】。ダートは距離は不問でした。

ダートでは年齢で驚くべき傾向が。4歳以上では【1－4－4－48】。つまり、勝ち切りの大半は3歳以内という超早熟なのです。

2頭目はBMSハーランズホリデイ。父馬としては、イントゥミスチーフやシャンハイボビーなど2歳戦から大活躍した名馬を北米で出し、日本でもアルビアーノがNHKマイルC2着に入りました。

●母の父ハーランズホリデイ成績

芝・ダート	1着	2着	3着	4着以下	連対率	複勝率
芝	19	12	21	91	21.7%	36.4%
ダート	8	8	4	63	19.3%	24.1%

母の父としては、モズベッロ（日経新春杯）、アリーヴィオ（小倉大賞典）、アヴェラーレ（関屋記念）など、JRAでの重賞勝ちは、すべて芝となっています。

BMSハーランズホリデイの成績は、この代表例からわかるように芝向きで、上の表で芝とダートの比較を見ると、連対率では芝がわずかに上回る程度ですが、複勝率では12ポイントも上になります。回収値も単勝が118、複勝が99となっていて、馬券妙味も十分。

なお、BMSハーランズホリデイは芝の新馬戦【3－1－3－8】、ダートの新馬戦は【0－1－3－5】で、こちらも芝のほうが断然安定しています。かといって芝・ダート両方において、年齢面で特に早熟とはいえない結果でした。

3頭目はスキャットダディです。父馬としては北米三冠馬ジャスティファイを出すなど大成功しながら、11歳で早世してしまいました。

シャトルされたチリではリーディングサイアー、またオーストラリアでも単年供用されて結果を出し、日本へはミスターメロディ（高松宮記念）を送り込んでいて、今後は父系としてストームキャット系の主流の流れを形成していくことになりそうです。

●母の父スキャットダディ成績

ダート	1着	2着	3着	4着以下	連対率	複勝率
東京	7	6	1	21	37.1%	40.0%
中山	1	1	4	10	12.5%	37.5%

BMSスキャットダディは、日本へはGⅠ2着3回（オークス、秋華賞、ジャパンC）のカレンブーケドール、関屋記念などを勝ったロータスランドを送り込んでいます。

とはいえ、芝・ダートの総合成績は両方高いのですが、比べるとダートのほうがさらに高いのです。複勝率はおよそ5ポイント上の33％。驚くべきは回収値で、ダートでなんと単勝423、複勝が134。BMSスキャットダディはダートの人気薄に要警戒です。

芝では5歳になると【1－2－5－23】で苦戦が目立つようになります。反面、2歳戦は【3－4－3－17】、複勝率37％の安定度。またダートでも3歳が【10－6－5－38】で複勝率35・6％、単勝回収値190と成績のピーク。早熟傾向は強めです。

ダートを場別で見ると、右下の表に出したように東京と中山の比較が面白い。複勝率はそれほど変わらないのですが、連対率が格段の差となります。東京の単勝回収値は905であり、これがダート総合の単勝回収値を引き上げています。特に東京ダート1400ｍでは【5－4－1－13】で即買いのレベルです。

種牡馬別では、芝・ダート合わせてモーリスとは相性が悪く【0－0－2－15】です。

また、父キズナとのBMS配合は2頭しかいないのですが、それらが2勝クラスと3勝クラスと中堅におり（2024年7月末現在）、今後ニックスを形成する可能性があると感じています。

母の父デピュティミニスター系

●ダートの系統と、芝も走れる系統

デピュティミニスター系は、北米での大成功した種牡馬が次々出ているわりには意外と枝葉が広がっていません。日本にも20年くらい前から血は入ってきているにも関わらず、フレンチデピュティ～クロフネのライン以外、定着していないのです。

ただ2019年、マインドユアビスケッツが久々にこの系統から新種牡馬として導入されて、初年度からホウオウビスケッツなどを出し、新勢力となるかどうかの期待が見えてきました。

父としては、オーサムアゲイン～ゴーストザッパーのラインはダートに偏りますが、それ以外は芝でも良く走るし、フレンチデピュティ～クロフネのラインに至っては「本質的に芝馬である」ということは以前から述べてきた通り。

母の父としては、フレンチデピュティやオーサムアゲインは第2章、クロフネは第3章、ノボジャックも軽く第3章で触れました。ここではデヒアとゴーストザッパーを取り上げます。

●デピュティミニスター・ラインの補足

08デヒア

09ゴーストザッパー

デヒアは現役時、北米で最優秀2歳馬を獲得した早熟馬でしたが、直接の産駒にはそれほど早熟の傾向を伝えたわけではありません。

●母の父デヒア成績

1200m以下	1着	2着	3着	4着以下	連対率	複勝率
芝	0	0	1	19	0.0%	5.0%
ダート	1	2	1	81	3.5%	4.7%

クラス/芝・ダ	1着	2着	3着	4着以下	連対率	複勝率
OP以上・芝	1	0	1	40	2.4%	4.8%
3勝級以上・ダ	0	5	8	42	9.1%	23.6%

あまり多くの産駒は入らず、JRAではラジオNIKKEI賞を勝ったケイアイガードや京阪杯を勝ったウエスタンダンサーしか平地重賞勝ち馬はいないのですが、これがBMSデヒアとなると、小倉2歳S勝ちのデグラーティア、新潟2歳S勝ちのモンストール、京王杯2歳S勝ちのボールライトニングと、芝の活躍馬はすべて2歳重賞であり、しかも彼らはこれが競走生活のピークとなっていたのです。

ダートではグレイトパールが重賞2勝、地方転出後も高齢まで走ったのですが、芝ではデヒア自身の早熟性が隔世で伝わったと見ていいのではないでしょうか。

BMSとしての成績は、上の表に挙げたように芝・ダートともに短距離では不振。以前は小倉2歳S勝ち馬を出したわけですが、今、日本に入っているのは晩年産駒の牝馬の子供たちですから、スピード対応が厳しくなっているのかもしれません。

それはクラス対応にも表れていて、芝ではオープン特別以上は苦戦、ダートは3勝クラスになると勝てなくなってしまいます。

また芝のローカル場（函札福新小）では【1－3－2－43】と、こちらも勝ちづらい。これはダートでも似ていて、函札福新の4場では【0－6－1－46】とさらに極端になります。

そして京都ダートでも【0－6－0－37】で2着は取れるものの、それ以外はまったくダメ。

つまり直線平坦コースに弱く、パワーが一層強まっている傾向があるようです。逆に中山ダートの連対率は26・9%あります。

●母の父ゴーストザッパー成績

芝	1着	2着	3着	4着以下	連対率	複勝率
2歳	1	5	5	19	20.0%	36.7%
3歳	6	7	3	16	40.6%	50.0%

もう1頭のゴーストザッパーは、現役時に北米の年度代表馬に君臨し、北米の競馬の殿堂にも入った歴史的名馬。そして種牡馬としても大成功、さらに母の父として北米三冠馬ジャスティファイ、日本でもおなじみドレフォンを出しています。

直接の産駒は日本にはほとんど入っていませんが、ドレフォン経由で強い影響を及ぼしています。

また日本での母の父としてはギベオン（金鯱賞他）、レヴァンテライオン（函館2歳S）を輩出。

BMSゴーストザッパーの日本での成績は、右下の表に示したように、芝に限っていえば、2歳戦でも悪くない数字ですが、3歳になると一気に本格化、馬券になる確率が大幅アップすること。特に東京芝【3－4－6－23】、中山芝【2－4－1－11】で、ともに複勝率は4割に迫ります。

ダートは中山が【13－8－4－31】で、勝率が23・2％という高さ。

そして芝もダートも、新潟をなぜかとても苦手としています。

なお、ダートでは3勝クラス【0－0－0－15】というのが意外。期間内にオープンへの出走は当然ありません。このあたりにも、デピュティミニスター系の本質（芝向き、スピード持続力勝負向き血統）が表れているように思います。

母の父サドラーズウェルズ系

●スタミナとパワーの欧州系の血も、BMSでは……

血統に詳しくないとおっしゃる方でも、サドラーズウェルズ系については、その名を聞いたことがあるというだけでなく、オペラハウスやガリレオから、芝の道悪に強いというイメージを持っておられると思います。

そのイメージはほとんど正しく、とにかく欧州を長年支配し続けている系統であり、瞬発力には欠ける代わりにスタミナとパワーを高いレベルで有しています。キングマンボ系と近い特性があるわけですが、キングマンボ系よりもさらにスピードがないイメージです。

ただ、本書のテーマのBMSサドラーズウェルズ系となると、いろいろな血の交雑によりバリエーションがかなり出てきました。その中にはいかにもサドラーズウェルズといったものから、意外な傾向までバラエティに富んでいます。

ここまでの章では、サドラーズウェルズ系種牡馬を取り上げていないので、ここで現在中央競馬にBMSとして面白い傾向を表出している3頭のデータを紹介することにします。

●サドラーズウェルズ・ライン

10シングスピール
11フランケル
12モンジュー

まずはシングスピール。現役時はジャパンC制覇で知られ、ドバイワールドCなども制し、北米、日本、欧州、ドバイを股にかけた名馬でした。

種牡馬としては日本にアサクサデンエン（安田記念）、ローエン

●母の父シングスピール成績

芝	1着	2着	3着	4着以下	連対率	複勝率
札幌＋函館	1	8	7	18	26.5%	47.1%
中京	1	6	2	35	15.9%	20.5%
東京	8	8	12	37	24.6%	43.1%

グリン（中山記念）、ライブコンサート（京都金杯）などを出し、母の父としてはオークス馬シンハライトやシャケトラ（ＡＪＣＣ）、コスモネモシン（新潟記念）など多数の重賞勝ち馬を送り込んでいます。

すでに他界して10年以上を経過していますが、母の父としては頻繁に目にする機会があります。

上の表では、意外にも洋芝の札幌と函館、それから上がりが速くなりにくい中京芝で勝ちあぐねていて、逆に東京芝で圧倒的に走っているという一見意外な傾向を示しました。ただ、現役時にジャパンCを制していることを思えば、もしかしたら当たり前なのかもしれません。

芝では4歳がピークで【11－10－7－39】の複勝率41・8％、そしてさすがに牝馬産駒も母としては高齢になってきたからか、芝重賞では【0－2－1－26】と苦戦するようになって、1勝クラスが【10－11－8－27】の複勝率51・8％。ＢＭＳシングスピールの芝は下級条件でこそとなります。

ダートでは6歳以上が【0－2－4－54】であり、買うなら5歳まで。またこちらも3勝クラスになると【1－5－4－49】であり、買うなら下級条件となります。

特に京都ダート【4－4－2－18】、阪神ダート【7－7－6－47】で安定傾向にあります。

●母の父フランケル成績

芝・ダート	1着	2着	3着	4着以下	連対率	複勝率
芝	31	20	15	107	29.5%	38.2%
ダート	8	5	3	43	22.0%	27.1%

フランケルは、現役時は１４００ｍから２１００ｍでＧⅠ9つを含む14戦無敗という欧州の歴史的名馬。種牡馬としても欧州で天下を取り、詳細を書くとそれだけで数ページは埋まってしまうほどの内容なので割愛します。日本ではモズアスコット、ソウルスターリング、グレナディアガーズがＧⅠ馬となっています。

母の父としては、日本では24年の短距離戦線を賑わせているモズメイメイを出しており、今後も活躍馬は増えそうです。

ＢＭＳとしての成績は、上の表のようにダートも悪くないですが、やはり芝での4割近い複勝率の安定度が光ります。回収値も高く単勝１１５、複勝１０１。そして芝では2歳戦に特に強く、【10

－6－7－31】をマークしています。

なおダートでも、2歳戦は【2－2－1－6】です。また2歳、3歳問わず新馬戦でも【7－1－3－18】と勝ち切りが多く、単勝回収値は130。ただしダートの新馬戦は不振です。

場で見ると、東京芝は【10－4－2－18】と圧倒的に勝ち切りが多く、勝率が41.2%という、とんでもない数字になっています。

特に東京芝1800mは【4－3－0－3】で、連対7回は5頭でマークしており、信頼度は相当高いといえるでしょう。

またダートでは距離の限界がハッキリしていて、1800m以上は【1－0－0－15】となっています。そしてダートの重・不良は【0－1－1－16】で、これはかなり割り引きとなります。

●母の父モンジュー成績

芝・ダート	1着	2着	3着	4着以下	連対率	複勝率
芝	11	14	8	126	15.7%	20.8%
ダート	3	7	5	113	7.8%	11.7%

2歳	1着	2着	3着	4着以下	連対率	複勝率
芝	0	0	1	41	0.0%	2.4%
ダート	1	2	0	32	8.6%	8.6%

モンジューは、現役時は1999年から2000年にかけての欧州王者。種牡馬としても凱旋門賞馬ハリケーンランを筆頭に次々とGI馬を出し続け、母の父としてはさらに距離の幅を見せてマイルのGI馬も次々と出し、日本ではドバイターフを制したパンサラッサが知られています。

BMSモンジューもBMSシングスピール同様、芝での成績が上で、その度合いはさらに強くなっています。また芝もダートも2歳戦がまったくダメであることは覚えておくべき特徴でしょう(上の表)。

場別では、意外にも阪神芝が【1－0－1－31】とほとんど走れず。

また芝もダートも距離による浮き沈みが激しいのも目立つ特徴で、芝では1500m以下が【0－1－3－23】に対し、2000mは【6－8－2－41】。

ダートは1400mが【2－5－2－19】なのに、たった100mしか違わない1300mは【0－0－0－20】、なら長ければいいかというと、ダート1700m+1800mで【0－0－2－55】とほぼ全滅状態です。

少しややこしいですが、BMSモンジューは「買うべきではないポイント」が実に明確なので、見かけたらこの項を繰り返しご覧になってください。

母の父ダンチヒ系

●ジャスティンミラノ、アスコリピチェーノを輩出したが……

ダンチヒ系は、ノーザンダンサー系の中で最もスピードに富んだラインといえます。

短距離寄りではあるのですが、母方に入ると概して距離適性よりも、第1章で述べた「脚の使い方」で長所＝スピードの持続力を発揮します。軽い馬場、速い流れで真価を見せることが多いです。ただ、その分底力には欠けるので、近年は一時ほど大舞台でBMSダンチヒ系が勝ち切れなくなってきました。

GIともなると良馬場の場合、今の整備が行き届いた日本の芝では父が瞬発力血統やスピード兼備血統でないと勝ち負けになりにくいので、そこにさらにまたスピード型のダンチヒ系が入ると、力負け……というか勝負弱さが出てくるわけです。

クラシックでのBMSダンチヒ系所属馬といえば、ひと昔前ではジェンティルドンナ（母の父ベルトリーニ）やサトノダイヤモンド（母の父オーペン）、その後はロジャーバローズ（母の父リブレテスト、ダンチヒ直仔）、近いところではジャスティンミラノ（母の父エクシードアンドエクセル）といったあたりが勝っています。

……が、全体的に見るとここ数年は、BMSストームキャット系や後述のBMSエーピーインディ系に勝ち鞍を譲っています。2024年の3歳牝馬路線のトップクラスにいたアスコリピチェーノやライトバックも該当していますが、好走はすれど勝つことはできませんでした。

この項までは、本書でBMSダンチヒ系についてはまだ取り上げていなかったので、ここではまとめて、現在母の父として比較的多くJRAに入っているBMSから抜粋して見ていくことにします。

●ダンチヒ・ライン

13ダンシリ
14ロックオブジブラルタル
15インヴィンシブルスピリット
16ウオーフロント

最も影響力を持っているのはデインヒルから出ている枝です。そこからまずダンシリを取り上げましょう。

なんといってもハービンジャーの父としてよく知られるところですが、母の父としても多くの国でGI馬を出しており、日本ではホープフルSを勝ったダノンザキッドを筆頭に、ミッキーチャーム（阪神牝馬S他）、シャドウディーヴァ（府中牝馬S）を出しています。

BMSダンシリは上の表を見ると、芝では早熟傾向が強くて、6歳になるともう馬券圏が厳しくなっています。なお2歳の単勝回収値は132に達していて、人気が薄くても勝ち負けになり得るようです。

●母の父ダンシリ成績

芝	1着	2着	3着	4着以下	連対率	複勝率
2歳	8	5	0	21	38.2%	38.2%
6歳以上	0	2	2	33	5.4%	10.8%

この早熟傾向は、実はダートにも出ていて【0－7－4－30】。ヒモには有効ですが、勝てていません。

芝のコース別では中京1600mが【3－4－1－8】。3着以内8回は7頭でマークしているので、これは適性に由来する好成績と見ていいでしょう。反対に苦手なのは新潟の芝で【1－0－2－23】です。

ダートでは、阪神が特に苦手で【0－0－1－20】。そして距離で見ると1400m以下は【1－4－2－39】と低調。買うにしてもヒモとなります。

同じデインヒルの枝からはロックオブジブラルタル。現役時はGI7連勝を記録してマイル戦線の頂点に立ちました。父としては大成功とは行きませんが、欧州、オセアニア、北米で重賞勝ち馬をコンスタントに出し続け、母の父としては日本ではNHKマイルC勝ちのミッキーアイルを筆頭に、ロジチャリス（ダービー卿CT）、ジェネラーレウーノ（セントライト記念他）、カテドラル（京成杯オータムH他）、ダートではエルムSを勝ったジェベルムーサなどの重賞勝ち馬を輩出。

BMSとしては、こちらも息が長いとはいえず、芝もダートも6歳以上でかなり低調になってしまいます（上の表）。

●母の父ロックオブジブラルタル成績

6歳以上	1着	2着	3着	4着以下	連対率	複勝率
芝	0	2	2	59	3.2%	6.3%
ダート	1	1	0	14	12.5%	12.5%

また芝の重賞で【0－3－1－29】と勝ち切れなくなっています。そして2000m以上では【0－1－2－33】と限界もハッキリ。

さらに芝では苦手な場も明確で、札幌＋函館【0－1－4－19】とヒモ傾向、そして中山【1－1－0－20】、福島【1－0－0－21】とこちらはかなり買いづらくなります。

ダートでは前走1着馬が【0－2－1－10】で連続好走しづらい。また重不良馬場では【0－6－5－50】で、極端に勝てないという結果。

コースでは東京が【1－5－3－33】、阪神が【1

－4－2－45】でヒモには来ても勝ち切れなさが際立っています。

続いては、グリーンデザートの枝からインヴィンシブルスピリット。

現役時はすべての勝ち鞍を1200mで挙げたスプリンターで、超一流には至りませんでした。

しかし種牡馬としては初年度から2歳戦の勝ち上がり頭数が当時の世界記録をマークするというスタートを切り、リーディングこそありませんが欧州各国だけでなく、シャトルされたオセアニアでもGI馬を送り出しています。

BMSとしての日本での成績は、ここまでは芝で年齢不問の傾向が出ています。種牡馬として、海外で2歳馬の勝ち上がりを量産したことを思えば、かなり意外な結果。

ダートではやや早熟気味になっていますが、同じダンチヒ系でもデインヒルからグリーンデザートにラインが替わったことで早熟傾向がかなり薄まったということは、先ほど紹介したデインヒルラインの2頭が持っていた強い早熟傾向は、ダンチヒではなくデインヒルの枝の特徴なのかもしれません。

距離的には、父馬としての産駒傾向と同じく、BMSとしても短距離色がとても強いことが、下の表からもわかります。

●母の父インヴィンシブルスピリット成績

芝	1着	2着	3着	4着以下	連対率	複勝率
1200m	10	4	5	51	20.0%	27.1%
1400m	3	6	3	21	27.3%	36.4%
1600m	0	3	1	26	10.0%	13.3%

芝では場別で見た場合にハッキリしていて、東京【0－0－1－16】、中山【0－0－1－11】と苦手。得意なのは新潟【2－6－2－18】、京都【4－0－0－8】で、直線平坦かつスピードが乗りやすいコースに強いようです。

ただしその分、底力のなさが出てしまっているようで、オープン特別以上になると【0－0－0－12】という結果にも、それは表れています。

ダートでも、3勝クラス以上になると【0－2－4－21】で勝てなくなり、クラスの天井があるのは芝と同じ。またダートでは1600m以上で【0－1－0－19】と、こちらも短距離色がかなり強くなっています。

なお阪神ダートは【0－0－0－15】と、最も苦手なコースです。

もう1頭、このところ好走が目立ってきたのが、BMSウォーフロントです。

この種牡馬はダンチヒの直仔です。現役時はGI未勝利でしたが、父馬として世界で大成功を収め、「ダンチヒ晩年の最高傑作」と評されました。巻末の「主要【父】系統図」をご覧の通り、日本にはおなじみの産駒種牡馬が入ってきており、今後は枝を広げていきそうです。

BMSウォーフロントは芝・ダート不問、そして芝もダートも年齢不問。

場での偏りも少ないですが、阪神芝は突出してよく【4－2－3－11】です。ただし距離には限界があり1800m以上は【0－0－2－14】。

あと、面白いことに芝での前走1着馬は【3－3－1－3】であり、昇級戦からいきなり走れているケースが多いことがわかります。

ダートは距離別で見ると面白い傾向があって、1200m、1400m、1800mの好走が多く、特に1400mは【7－3－1－21】で単勝回収値141をマーク。

しかし、ダートの1600m+1700mは【0－0－0－14】とまったく苦手。いわゆるダートでの非根幹距離ともみなせるところでは不振となっています。

母の父エーピーインディ系

●クラシック向きのBMSとして台頭してきた！

今や、ストームキャット系やキングマンボ系と並んで、JRAの芝において、BMSとして大きな影響力を及ぼしているのがエーピーインディ系です。

父系としては基本的にダート寄りなのですが、BMSとしては一部例外はあるにせよ概して芝向き、それもクラシック向きなのです。

早熟性はBMSダンチヒ系と同じですが、ダンチヒ系よりは成長力もあり、また持続力はミスプロ系やダンチヒ系、デピュティミニスター系にもありますが、脚の航続距離は最も長い。

さらに、ここが最大のポイントなのですが、芝の保全管理が行き届いて、クラシックシーズンには高速馬場になりやすい芝において、最適の加速力を母方から伝える傾向があるのです。

これらの要素が相まって、特に東京開催のGIにおいて強みを発揮しています。

近5年の東京芝GIにおける具体例としては

＊ダノンデサイル（BMSコングラッツ）→ダービー1着
＊ドウデュース（BMSヴィンディケイション）→ダービー1着

※正確にはヴィンディケイションはエーピーインディ系というより、エーピーの父シアトルスルーの産駒なのでシアトルスルー系

＊シャフリヤール（BMSエッセンスオブドバイ）→ダービー1着、ジャパンC2着

＊ハーパー（BMSジャンプスタート）→オークス2着

＊ジャンタルマンタル（BMSウィルバーン）→NHKマイルC1着

＊グランアレグリア（BMSタピット）→安田記念1着、ヴィクトリアM1着

「主要【父】系統図」をご覧になるとわかると思いますが、特定のラインに偏らず、系統から広く出ているのがポイントです。

近い将来はBMSマジェスティックウォリアーとか、BMSシニスターミニスターも増えてくるかもしれません。父馬としてはダートに特化している彼らがBMSとして、先に出した例の種牡馬たちと同じく芝の大物を輩出するかどうか、とても興味深いものがあります。

ここでは、BMSとして多くの馬を出走させている6頭をチョイスしてデータを紹介します。

●エーピーインディ・ライン

17 タピット
18 プルピット
19 マリブムーン
20 コングラッツ
21 マインシャフト
22 ベルナルディーニ

まずはタピットです。現役時代は将来を嘱望されながらも、病に泣かされ続けて早期引退を余儀なくされてしまいましたが、種牡馬として大成功。産駒たちの1年間の合計収得賞金は、北米の年間史上最高額をマークし、「北米競馬を支配する種牡馬」ともいわれました。

北米地区では20を超えるGI馬を出していて、日本では直接の産駒はテスタマッタが知られています。ただ気性の激しさ、気難しさを伝えるという欠点があり、日本にいるBMSとしての馬たちの多くに共通しています。

母の父としても勢力を拡大しつつあり、

●母の父タピット成績

芝	1着	2着	3着	4着以下	連対率	複勝率
東京	12	11	9	35	34.3%	47.8%
中山	1	3	1	23	14.3%	17.9%
中京	1	6	1	32	17.5%	20.0%
阪神	11	4	2	40	26.3%	29.8%

日本ではかのグランアレグリアを筆頭に、サラス（マーメイドS）、シャムロックヒル（マーメイドS）、個性派リフレイムを出しています。

BMSタピットは芝・ダート互角。芝の競馬場別成績では、右下の表のように中山と中京が苦手気味で、東京と阪神で好調、そして東京ではとにかく安定していて、阪神では勝ち切りが目立つという傾向になっています。

特に東京芝1600mは【7-2-3-17】で3着以内12回を6頭でマーク。決してグランアレグリア1頭だけで稼いでいるわけではありません。また阪神芝1600mも【4-2-0-10】、連対6回は4頭でマークしています。

芝では、前走1着馬が【8-4-1-5】で連対率が31・6%。前走1着は昇級だけが該当するわけではないですが、ただ昇級でも狙える確率はかなり高いことになります。

ただしダートの場合は【3-1-1-25】で、平凡な成績となります。中山が不振、それも1800mが苦手で【1-0-3-21】。

またダートはローカル5場（札函福新小）で【18-3-5-48】という極端な数字を示していて、直線が平坦なコースでの勝ち切りが圧倒的に多いということになります。

●母の父プルピット成績

芝	1着	2着	3着	4着以下	連対率	複勝率
東京	0	2	1	18	9.5%	14.3%
中山	2	2	2	16	18.2%	27.3%
京都	2	2	1	7	33.3%	41.7%
阪神	0	1	0	10	9.1%	9.1%

このタピットの父がプルピット。ケンタッキーダービーで故障し3歳春に引退、すぐに種牡馬入りして大成功という経歴は、タピットとかなり似ています。

しかしBMSプルピットの成績はタピットとは異なり、上の表のように芝では中山、京都が良く、東京と阪神は不振。まったくの真逆となっているのは興味深いものがあります。

なおダートでは、場による数字の偏りは小さくなっています。

また芝では早熟傾向が強く、5歳以上で【1-3-2-46】、賞味期限は4歳までとなります。距離では芝1400m以下で【1-1-0-19】となり不振。

ダートでは年齢面で3歳馬がやたらと走っており、【9-4-9-31】で複勝率41・5%です。

またダートの道悪も得意で、重・不良馬場は【6-0-3-12】です。反対に芝の重・不良は【0-1-0-10】で苦手。

すでに死後12年が経過していて、BMSとして日本に入っている個体数も減少してきていますが、狙いどころはかなりハッキリしているので、見かけたらこれらをチェックしてみてください。

マリブムーンは現役時わずか2戦1勝。初勝利を挙げた直後に故障し引退、種牡馬入りして大成功……と、またこのパターン。決してこういう経歴の種牡馬を選んだわけではないのですが。エーピーインディ系はポテンシャルに身体がついていかないケースが多いのではないかと推測します。

●母の父マリブムーン成績

芝	1着	2着	3着	4着以下	連対率	複勝率
2歳	4	1	2	12	26.3%	36.8%

2014年の種付け料は9万5000ドル、およそ1000万円に達しました。長らく牝馬産駒に出世が集中していたのですが、この前年にケンタッキーダービー馬オーブを出してからは牡馬の成績も上昇しました。

マリブムーンは21年に急死していて、日本に直接の産駒が新しく入ることはもうないと思いますが、これまではオーブルチェフ、マドラスチェック、オーロラテソーロ、パライバトルマリンなど、地方交流重賞の勝ち馬を出すに留まっています。

BMSとしてのマリブムーンは、日本での出走数が年々増加しており、芝・ダートは不問の成績です。特に芝の2歳戦が上の表のようにとても好成績で、単勝回収値197、複勝回収値109をマークしています。

面白いことに、芝では左回りが【0-3-0-10】なのに、ダートでは東京、特にマイルが【4-4-2-7】と抜群の安定度を見せていて、反対に中山ダートは【0-0-1-11】とかなり苦戦。左回りが苦手というより、芝の東京や中京のようなコース形状が苦手なのでしょう。

短距離も苦手で、ダートの1400m以下は場を問わず【1-0-0-32】となっています。

BMSマリブムーンは、対象期間内ではダートでもオープン特別+重賞では10走してすべて4着以下であり、直近の課題は、中央の上級クラスで走れる馬を出すことでしょう。

そのマリブムーンとは反対に、コングラッツは24年にBMSとしてダービー馬ダノンデサイルを出しました。さらにダートでは、かのフォーエバーヤングも。今後BMSとして一気に成績を伸ばしていきそうです。

この馬の現役時は地味で、26戦7勝と多くのレースは走れたものの、GIは勝てずに終わりました。ただ良血だったので種牡馬としては期待されたのですが、ここまではまだ道半ばといった感じ。日本では先にBMSとして開花したというわけです。

●母の父コングラッツ成績

芝	1着	2着	3着	4着以下	連対率	複勝率
1勝クラス	3	11	8	13	40.0%	62.9%
2勝クラス	1	6	2	10	36.8%	47.4%

ダービー馬は出したものの、芝では上の表に出したように勝ち切れなさが目立っています。好走率はかなり高いので馬券には必須ですが、アタマに据えるのは難しいところ。ダノンデサイルの今後に注目です。

この傾向の原因となっているのは、芝・ダート両方に見られる早熟傾向かもしれません。

芝の2歳が【5－6－5－26】ながら、3歳になると【7－13－10－46】とヒモが増え始め、芝の4歳で【2－8－1－10】と傾向が強まり、5歳以上は【0－0－1－9】と急落します。

ダートでも、3歳が【9－4－3－79】なのに、4歳以上で【0－0－1－12】と、こちらは3歳までしか買えないという極端な結果に。

25年に4歳となるフォーエバーヤングは、ゼンノロブロイの近親という良血をもって、もちろんこのデータを破る可能性は大きいと思いますが、パフォーマンスが下がる可能性もなきにしもあらず……？

あと、芝の重・不良馬場では【0－2－7－11】で、買いではありますがヒモ固定となります。

また札幌と函館、つまり洋芝の合計では【4－5－1－12】であり、連対の確率はかなり高いです。反対にダートの重・不良は【0－1－1－12】と不振。

ダートの距離別では1800mがベストで【6－1－2－21】、単勝回収値は134もあります。

●母の父マインシャフト成績

芝・ダ/エリア	1着	2着	3着	4着以下	連対率	複勝率
芝・新潟以東	1	2	4	40	6.4%	14.9%
芝・中京以西	6	12	5	34	31.6%	40.4%
ダ・中山	5	5	1	10	47.6%	52.4%

マインシャフトは、現役時代は北米の中距離GIを4勝し年度代表馬にも選ばれました。

種牡馬としては、北米のクラシックホースこそ出せませんでしたが、日本ではカジノドライヴの父として知られるところ。あとは地方で開花したザッハーマインあたりでしょうか。

BMSマインシャフトの勝率は芝6・5%に対しダート12・2%で、ダートの連対率も23・6%あり、単勝回収値は118。やはり狙いはダートなのですが、芝でもそこそこ走れます。

特に競馬場別で見ると面白いデータが出て

いて、ハッキリとした理由は分からないのですが、Ｐ１６７下の表のように北海道含めた東日本では不振、対して中京以西の関西圏では連対率で3割超え。理屈抜きで覚えておきたい傾向です。

また芝では、１６００ｍで【4-4-2-19】と好成績ですが、１８００ｍ以上では【3-10-7-50】と、概して勝ち切れなくなります。

面白いのは前走1着馬の次走成績。芝では【0-2-0-6】、ダートで【0-4-1-10】であり、あくまでＪＲＡでの話ですが、ＢＭＳマインシャフトは対象期間内に連勝がありません。

前ページ下の表に戻って、ダートでは中山がとにかく良く走ります。連対率で5割に近い。単勝回収値４１７、複勝回収値２１４に達しています。阪神も【3-3-2-18】で悪くありませんが、京都のダートは【0-0-2-11】と苦手にしています。

なおダートでは距離不問。１２００ｍから２４００ｍまで、ムラのない率になっています。

ベルナルディーニは、現役時代は北米三冠のひとつプリークネスＳに勝ちましたが、3歳一杯で引退。産駒はクラシック級とはいかなくても、順調にＧＩ勝ちを果たしていますが、ベルナルディーニは21年に他界しており、日本にも直接の産駒が入ることはなくなりました。ただ、母の父としては頻繁にその名を見かけます。

●母の父ベルナルディーニ成績

芝・ダート	1着	2着	3着	4着以下	連対率	複勝率
芝	4	10	12	129	9.0%	16.8%
ダート	29	26	21	206	19.5%	27.0%

同じエーピーインディ系でも、こちらはダートへかなり偏っていることがわかります。

上の表を見ると、連対率も複勝率も芝より10ポイント程度高い。なおダートの複勝回収値は、およそ２８０走の多さながら、１０６もあります。

そして芝ではかなりの早熟傾向を示していて、4歳以上で【0-1-0-42】。また芝の2勝クラス以上は【0-0-1-22】とほとんど走れなくなります。

つまり、芝では下級条件のヒモレベルであり、父に関わらず芝適性を下げてしまう結果になっています。また下級条件であっても中山芝【0-0-1-19】、中京芝が【0-0-1-12】で、この2場では消しで良さそう。

芝とは違って、ダートのＢＭＳベルナルディーニは6歳までは走れていて、7歳以上になると【0-0-0-12】と落ちます。

場は不問ですが、中山が突出して良く、【9-6-5-32】で複勝率38・5％、単勝回収値１６３、複勝回収値１９７でこれは見かけたら買っておくべき価値があるでしょう。

なお、東京ダートだと【2－5－5－47】で平凡な結果となります。
またダートの新馬戦は【1－4－0－14】で、使ってからのほうが勝ち切れる傾向が強いです。

ここまで例に挙げた種牡馬を見直すと、芝の場合、BMSエーピーインディ系は往々にして早熟傾向があるようです。現役馬の今後は年齢との戦いになるのでしょう。

●各ラインをスピード・パワー・持続力で比較すると……

この4章では、主なBMS系統の概略と、そこから特徴のあるBMS種牡馬を選んでデータを紹介してきました。

最後に、あくまで筆者の私見ですが、主なBMS系統の序列付けを挙げておきます。サンデー系は特徴が多岐に及んでいて、さすがにひとつの系統としてまとめることができないので除いています。

またサンプルとして、種牡馬の個体数が少ないロベルト系やグレイソヴリン系も除いています。

繰り返しますが、あくまでBMSとしての判断です。また各系統に属する種牡馬すべてがこの順番に収まるわけではありません。

＊スピード

ダンチヒ系＞エーピーインディ系＞ストームキャット系＝ミスプロ系＞キングマンボ系＞＞デピュティミニスター系＞＞＞サドラーズウェルズ系

＊パワー

サドラーズウェルズ系＞キングマンボ系＞＞ストームキャット系＞エーピーインディ系＝デピュティミニスター系＞ミスプロ系＞ダンチヒ系

＊持続力（中距離向き）

エーピーインディ系＞ストームキャット系＝ダンチヒ系＞キングマンボ系＞ミスプロ系＞デピュティミニスター系＝サドラーズウェルズ系

巻末①

主要国リーディング・ブルードメアサイアー

BMS

現在の競馬の主要国のブルードメアサイアー（母の父、以下BMS）部門の、2023 年度のTOP 10を紹介します（JRAのみTOP 20）。

●ドバイは筆者の調べた範囲では発表していないので除外しています。

●イギリスとアイルランド、北アメリカとカナダは合同集計が発表されています。

●このランキングは公式のもので、獲得賞金順（現地通貨）となっています。

●香港、オセアニア地区、南ア、ブラジルは 2023 年8月～ 24 年6月の集計発表ですが、アルゼンチンは北半球と同じく1 ～ 12 月の集計となっています。

●ブラジルは、サンパウロとリオデジャネイロでそれぞれ別集計の競馬が行なわれていますが、ここでは、重要なレースが多いリオデジャネイロのジョッキーズクラブが発表したランキングを掲載しました。

巻末②主要【父】系統図はP179～

ＪＲＡ
リーディングBMS TOP20

	母父	系統
1	ディープインパクト	サンデー系
2	キングカメハメハ	ミスプロ系
3	マンハッタンカフェ	サンデー系
4	シンボリクリスエス	ロベルト系
5	クロフネ	デピュティミニスター系
6	キングヘイロー	リファール系
7	ダイワメジャー	サンデー系
8	フジキセキ	サンデー系
9	ハーツクライ	サンデー系
10	アグネスタキオン	サンデー系
11	スペシャルウィーク	サンデー系
12	フレンチデピュティ	デピュティミニスター系
13	ブライアンズタイム	ロベルト系
14	サクラバクシンオー	プリンスリーギフト系
15	サンデーサイレンス	サンデー系
16	ゼンノロブロイ	サンデー系
17	ダンスインザダーク	サンデー系
18	ハービンジャー	ダンチヒ系
19	ネオユニヴァース	サンデー系
20	モティヴェイター	サドラーズウェルズ系

2023年のＪＲＡリーディングＢＭＳランキングは、平地・障害合計のランキングとして発表されています。

首位は、意外にも？ディープインパクトが初戴冠。21、22年の連続２位からトップに上がりました。勝ち馬頭数145、勝利回数は185で、重賞は13勝していますが、これまた意外にも、ＧＩはブレイディヴェーグのエリザベス女王杯だけでした。

首位の座を譲り２位に下がったのはキングカメハメハ。ただ、勝ち馬頭数は132、勝利回数180であり、ディープとは小差、３位のマンハッタンカフェは引き離しています。やはり、日本にあふれているサンデー系種牡馬のほぼすべてと交配可能だったという状況は大きいと思います。

ただし、こちらもＧＩ勝ちはママコチャのスプリンターズＳの１頭だけ。そして重賞勝ちは、１月の京都金杯をイルーシヴパンサーが勝った後は、７月の函館２歳Ｓのゼルトザームまで空きました。１～６月に１勝、対して７～12月で６勝。つまりは、クラシックをはじめ３歳限定重賞が集中する上半期に、重賞をまったく勝てなかったということ。ＢＭＳとしても衰えが近づきつつあるだけに、晩成型が増えてきているということかも……。なおキングカメハメハは、ダート限定の勝利数は89で１位であり、クロフネを抑えています。

６位のキングヘイローは、その大半がイクイノックス１頭で稼いだ賞金であり、24年は大きく下がる可能性もあります。

15位のサンデーサイレンスは、22年は重賞５勝していましたが、23年はとうとうゼロ。ちなみに上位20位に入っているＢＭＳで重賞０勝はサンデーの他にはゼンノロブロイ、ネオユニヴァースの３頭となっています。

イギリス・アイルランド リーディングBMS TOP10

	母父	系統
1	ガリレオ	サドラーズウェルズ系
2	オアシスドリーム	ダンチヒ系
3	ダンシリ	ダンチヒ系
4	モンジュー	サドラーズウェルズ系
5	ピヴォタル	ヌレイエフ系
6	ドバウィ	ミスプロ系
7	シャマーダル	ストームキャット系
8	シーザスターズ	ダンチヒ系
9	インヴィンシヴルスピリット	ダンチヒ系
10	デインヒルダンサー	ダンチヒ系

北米・カナダ リーディングBMS TOP10

	母父	系統
1	タピット	エーピーインディ系
2	スマートストライク	ミスプロ系
3	メダグリアドーロ	サドラーズウェルズ系
4	ディストーテッドヒューモア	ミスプロ系
5	マリブムーン	エーピーインディ系
6	ベルナルディーニ	エーピーインディ系
7	ジャイアンツコーズウェイ	ストームキャット系
8	アンブライドルズソング	ミスプロ系
9	ティズナウ	マンノウォー系
10	スパイツタウン	ミスプロ系

イギリス/アイルランドでは、オーギュストロダン（父ディープインパクト）が英愛ダービー、ＢＣターフなどを制したガリレオが首位。圧倒的な賞金獲得額で、２位オアシスドリームのほぼ２倍の数字となっていました。この大差では、当面ガリレオのＢＭＳ首位は揺るがないと思います。

ただ系統で見ると、ＴＯＰ10の半数にあたる５頭をダンチヒ系が占めている点に注目です。それも、スピードにやや欠けるケープクロス～シーザスターズのラインだけでなく、デインヒル系が台頭してきている点。加えてストームキャット系、ミスプロ系も入ってきていて、イギリス・アイルランドの競馬にも徐々にスピード化の波が進んできているのかもしれません。

北米/カナダは日本と同じく、２年連続２位だったタピットが、スマートストライクに替わって首位の座に。なんといっても、ベルモントＳやケンタッキーオークスなどを制した女傑プリティミスチーヴァス、ＧＩ３勝のコーディーズウイッシュなどの活躍が目立ちました。

３位のメダグリアドーロは、「異色のサドラーズウェルズ系」として、すっかりお馴染みになった感があるダート中距離型種牡馬。ただ北米では2023年に芝のＧＩ馬も出しています。

ＴＯＰ10のラインアップをご覧になっておわかりのように、日本にＢＭＳとして大半の馬が入ってきていて、10頭中８頭は本書でそれぞれ単体のデータを紹介している種牡馬です。昔日の威光が薄れつつある北米競馬ですが、日本の血統へ与えている影響はまだ強いことがよくわかります。大雑把にいえば、日本の競馬はスタミナを欧州から、スピードを北米から求めているというスタイルが続いているのです。

フランス
リーディングBMS TOP10

	母父	系統
1	アナバーブルー	ダンチヒ系
2	ガリレオ	サドラーズウェルズ系
3	シーザスターズ	ダンチヒ系
4	ダンシリ	ダンチヒ系
5	インヴィンシヴルスピリット	ダンチヒ系
6	オアシスドリーム	ダンチヒ系
7	ピヴォタル	ヌレイエフ系
8	シャマーダル	ストームキャット系
9	モンジュー	サドラーズウェルズ系
10	ドバウィ	ミスプロ系

ドイツ
リーディングBMS TOP10

	母父	系統
1	パントレセレブル	ヌレイエフ系
2	モンズン	ブランドフォード系
3	ソルジャーホロウ	サドラーズウェルズ系
4	ジュークボックスジュリー	サドラーズウェルズ系
5	ビッグシャッフル	グレイソヴリン系
6	ハリケーンラン	サドラーズウェルズ系
7	ドバウィ	ミスプロ系
8	アレイオン	グレイソヴリン系
9	スリックリー	リファール系
10	ガリレオ	サドラーズウェルズ系

続いては欧州から、凱旋門賞やその前哨戦を通じて日本でも馴染みが出てきているフランス、そして独自の競馬体系と独自の生産路線を突き進むドイツを取り上げます。

フランスのリーディングＢＭＳはアナバーブルー。その父アナバーはダンチヒ系で、アナバーは日本ではクイーンズリングのＢＭＳとして知られています。ただアナバーブルーの首位は、凱旋門賞とフランスダービーを勝ったエースインパクト１頭で稼いだ面が大きく、この首位は一時的なものになりそうです。

小差の２位はイギリス・アイルランドの首位ガリレオ。その下の順位には、これもイギリス同様にダンチヒ系が多く入っていますが、面白いのは同じダンチヒ系でもデインヒルのラインはダンシリだけで、多くはグリーンデザートのラインであること。デインヒルより短距離色が強まるのと、あと日本の芝基準の話ですが、デインヒルより道悪に強い傾向が強くなっています。とはいえ、ダンチヒ系が半数を占めているのはイギリスと同じで、フランスなりのスピード対応が進みつつあるのでしょう。

対してドイツは、重厚すぎるほど重厚な種牡馬や父系が独占していて、英仏と共通してランクインしているような馬すら、ほとんど見られません。自国生産へのこだわりこそがドイツ競馬なので、これは仕方ないところもあります。逆にスピードを追求しすぎた国においては、ドイツの血が母方に入ることによって、底力の下支えをすることにもつながります。日本におけるドイツ牝系の成功は、まさにその好例です。なお３位のソルジャーホロウはサドラーズウェルズ系のインザウイングス（シングスピールの父）のラインで、現在ドイツの主流父系ラインを形成しています。

オーストラリア
リーディングBMS TOP10

	母父	系統
1	ファストネットロック	ダンチヒ系
2	エンコスタデラゴ	フェアリーキング系
3	ストリートクライ	ミスプロ系
4	フライングスパー	ダンチヒ系
5	オライリー	トライマイベスト系
6	ロンロ	サートリストラム系
7	モアザンレディ	ヘイロー系
8	リダウツチョイス	ダンチヒ系
9	シャマーダル	ストームキャット系
10	イクシードアンドエクセル	ダンチヒ系

ニュージーランド
リーディングBMS TOP10

	母父	系統
1	オライリー	トライマイベスト系
2	ピンス	トムフール系
3	ハイシャパラル	サドラーズウェルズ系
4	サヴァビール	サートリストラム系
5	ザビール	サートリストラム系
6	スニッツェル	ダンチヒ系
7	リダウツチョイス	ダンチヒ系
8	トーケイ	トライマイベスト系
9	フォルクスラート	ダンチヒ系
10	ペンタイア	ノーザンダンサー系

続いてオセアニア圏。南半球は基本的に８月から３月までの集計となります。ここで挙げているのは2023年８月から24年３月が対象です。

地理的な理由から、オセアニアも独自の体系で生産が続き、ひと昔前まではサートリストラム系とフェアリーキング系が中心となっていました。しかしオーストラリアでは近年はご覧のように、欧州同様ダンチヒ系、それも主にデインヒルのラインが上位に多数入るようになりました。もともと、欧州よりはスピードの出る馬場やコース形状でもあり、これは自然の成り行きだと思います。豪州の伝統的な血を持つＢＭＳはエンコスタデラゴとロンロくらい。

首位のファストネットロックとエンコスタデラゴは僅差で、また３位から10までも獲得賞金の差は小さく、おそらく今後数年は激しく入れ替わることになるでしょう。

ジャパンＣでオグリキャップと死闘を演じた女傑ホーリックスで知られるニュージーランド。ここでは、日本でもお馴染みラストタイクーンの産駒、オライリーがぶっちぎりの首位で、獲得賞金は２位ピンズの３倍近い額に達しています。なおオライリーは、日本ではラジオＮＩＫＫＥＩ賞を勝ったファイナルフォームの母の父として知られています。

オーストラリアからさらに少し離れた島国ということで、オーストラリアと共通する馬はあまり見られず、またオーストラリアで衰えはじめた系統がこちらで頑張っているという印象があります。かなりのマイナー血統スニペッツや、サドラーズウェルズ系のハイシャパラル、そして10位に日本でもほとんど見られなくなったペンタイアが入っているあたり、スピードよりもパワーやスタミナが優位に立っているといえそうです。

ブラジル
リーディングBMS TOP10

	母父	系統
1	リダットーレ	レイズアネイティヴ系
2	アミゴーニ	ダンチヒ系
3	ワイルドイヴェント	ニアークティック系
4	アワエンブレム	ミスプロ系
5	プットイットバック	マンノウォー系
6	ネダウィ	レッドゴッド系
7	イルーシヴクオリティ	ミスプロ系
8	ノーザンアフリート	ミスプロ系
9	ファーストアメリカン	ミスプロ系
10	ロデリックオコナー	サドラーズウェルズ系

アルゼンチン
リーディングBMS TOP10

	母父	系統
1	オーペン	ダンチヒ系
2	セビヘイロー	ヘイロー系
3	サザンヘイロー	ヘイロー系
4	ピュアプライズ	ストームキャット系
5	キャッチャーインザライ	ダンチヒ系
6	イージングアロング	ストームキャット系
7	ノットフォーセール	グレイソヴリン系
8	ローマンルーラー	ミスプロ系
9	インタープリット	ナシュア系
10	バーンスタイン	ストームキャット系

続いては南米、まずはブラジルです。日本でも活躍したアグネスゴールドが2019年から３シーズンに渡り、父馬としてリーディングサイアーを獲得したというニュースがあったり、またベテランの競馬ファンにはジャパンＣにサンドピットが来日したりということで、ブラジルの競馬を感じたことはあるかと思いますが、裏を返せばそれ以外ではほとんど触れる機会はないと思います。

ブラジルのＢＭＳランクを見ても、本書でも扱ったイルーシヴクオリティ以外は初見となる馬名ばかりなのではないでしょうか。血統への興味を持って日本の競馬を見ている方でも、たまにＢＭＳでノーザンアフリートやプットイットバックの名を目になさったくらいだと思います。有力生産者も、今はブラジルの血はあまり導入していません。

ＢＭＳの主流はミスタープロスペクター系、さらに一代遡ったレイズアネイティヴの系統が半数を占めています。なお２位のアミゴーニはデインヒルのラインですが、多くはダート競馬での持続力を強めた馬が、ＢＭＳとして栄えている印象です。

対してアルゼンチンは、オーペンがサトノダイヤモンドの、ノットフォーセールがダノンファンタジーの、そしてバーンスタインがヒシイグアスのＢＭＳとして日本でもお馴染み。他にサザンヘイローやローマンルーラーなども入っていて、ブラジルとは逆に親しみの深い系統が成績を挙げています。

そしてこれもブラジルとは逆にレイズアネイティヴ（ミスプロ）系は１頭だけで、ヘイロー系とストームキャット系が幅を利かせており、このあたりも日本の芝との親和性を裏付けていると思います。一時は社台グループが積極的に導入した南米牝系ですが、今後も一定の需要は続きそうです。

南アフリカ

リーディングBMS TOP10

	母父	系統
1	キャプテンアル	ロベルト系
2	ジェットマスター	ノーザンダンサー系
3	シルヴァーノ	ニジンスキー系
4	トリッピ	ミスプロ系
5	ダイナスティ	サドラーズウェルズ系
6	カール	ミスプロ系
7	ウエスタンウインター	ミスプロ系
8	ヴァール	ストームキャット系
9	フォートランド	サドラーズウェルズ系
10	ジャポット	エーピーインディ系

香港

リーディングBMS TOP10

	母父	系統
1	ファストネットロック	ダンチヒ系
2	ストリートクライ	ミスプロ系
3	モアザンレディ	ヘイロー系
4	ヒンチンブルック	ダンチヒ系
5	デインヒルダンサー	ダンチヒ系
6	ハイシャパラル	サドラーズウェルズ系
7	レッドクラブス	ロベルト系
8	イクシードアンドエクセル	ダンチヒ系
9	ディストーテッドヒューモア	ミスプロ系
10	ラーイ	レッドゴッド系

アフリカ唯一のＰＡＲＴ１国である南アフリカのＴＯＰ10を見ると、私もあまり知らない種牡馬が多くなってきていますが、輸出されたダノンプラチナがリーディングサイアーで10位になっているところを見ると、日本競馬とのリンクは今後注目されてくる可能性はあります（アドマイヤメインは失敗しましたが)。

１位のキャプテンアルは、ロベルト系といえど傍流のアルマフティのラインで短距離型。２位のジェットマスターは南アフリカ競馬史上屈指の名馬かつ大種牡馬で、これまたノーザンダンサー～ラキーンという超傍流。3位のシルヴァーノは日本にも少し馴染みがあり、現役時にステイゴールドやアグネスデジタルと戦った馬。ドイツ牝系で、父ロミタスはサリオスの母の父として知られるニジンスキー系です。

そして５位のトリッピはフォーティナイナー系エンドスウィープのラインで、10年ほど前には日本にも産駒が何頭か入っていました。とにかくＢＭＳの系統が良くいえば多彩、悪くいえばカオス状態です。

日本で最も馴染みのある海外競馬、香港は、馬産をしていないので、多くをオーストラリア産の輸入に頼っています。それだけにＢＭＳランキングにも共通の馬名が多く見られます。10頭中４頭がデインヒルのライン。

父系ではＴＯＰ20の大半がノーザンダンサー系で、しかもその中のダンチヒ系とトライマイベスト系で占めているので、ＢＭＳでもおそらく近い将来はこの２系統が主流を形成するのだと思います。なおリーディングサイアーは、３期連続でディープフィールド。フェアリーキング系のスプリンターで、今後はＪＲＡにもＢＭＳとして入ってくるかもしれません。

イタリア
リーディングBMS TOP10

	母父	系統
1	ハイシャパラル	サドラーズウェルズ系
2	デュークオブマーマレード	ダンチヒ系
3	デインヒルダンサー	ダンチヒ系
4	アザムール	ノーザンダンサー系
5	インヴィンシヴルスピリット	ダンチヒ系
6	オアシスドリーム	ダンチヒ系
7	メダグリアドーロ	サドラーズウェルズ系
8	ホーリーローマンエンペラー	ダンチヒ系
9	ダンシリ	ダンチヒ系
10	ダークエンジェル	トライマイベスト系

韓国
リーディングBMS TOP10

	母父	系統
1	ヴォルポニ	ミスプロ系
2	メニフィー	ストームキャット系
3	フォレストキャンプ	デピュティミニスター系
4	ヤンキーヴィクター	ヘイロー系
5	キングカメハメハ	ミスプロ系
6	マリブムーン	エーピーインディ系
7	ジャコモ	ヒムヤー系
8	ディダイム	ノーザンダンサー系
9	ブロークンヴァウ	ミスプロ系
10	アンブライドルズソング	ミスプロ系

イタリア競馬は没落ぶりが著しく、かつてネアルコやリボーを生んだ競馬大国もいずこ……という実情です。ＰＡＲＴ２国へ格下げとなり、年間生産も500頭を割り込むレベル。しかし、2022年にはなんと、あのアルバートドック（ディープインパクト産駒で小倉大賞典、七夕賞勝ち馬）がリーディングサイアーに輝いているのですが、こうした遠隔からの血が起爆剤となって、トルコのような競馬国として生き残る可能性はあるかもしれません。

ＢＭＳの首位がサドラーズウェルズ系の中でも重厚なハイシャパラル、さらに４位に同様の重すぎる血統のアザムールが入りながら、快速系も多数ランクインしているあたりが混迷ぶりを物語っています。ダンチヒ系が半数、しかも日本でも知られるＢＭＳが大半を占めているので、日本の芝とのリンクもありそうだし、日本で開花しなかった種牡馬にとっては、転出によってひと旗上げるチャンスでしょう。

最後は競馬人気が少しずつ上昇してきている韓国。近代競馬は1920年代から行なわれていて、戦後は韓国馬事会も発足、済州島で馬産も行なわれています。日本からもダービー馬コーネルランサーやラッキールーラ、カツトップエース、菊花賞馬プレストウコウ、近年ではエアダブリン、トロットスター、そしてアドマイヤドン、テスタマッタ、クリソライトなどが輸出されて貢献。また韓国はダートしかないので、メイセイオペラやビワシンセイキも活躍しています。現在は国際ＰＡＲＴ２国に上昇してきて、競馬熱は広がってきました。

ＢＭＳもダート型が多いのですが、５位にキングカメハメハが入っているのが目を惹きます。なお首位のヴォルポニはクリプトクリアランスの枝のミスプロ系で、現役時はウォーエンブレムらと戦った北米馬です。

主要【父】系統図　ノーザンダンサー系①フェアリーキング他

- ノーザンダンサー
  - ノーザンテースト
    - アンバーシャダイ
      - メジロライアン
  - ビーマイゲスト
    - ペンタイア
  - フェアリーキング
    - エリシオ
    - オース
    - エンコスタデラゴ
      - ノーザンミーティア
        - ズースター
    - ファルブラヴ
  - トライマイベスト
    - ラストタイクーン
      - ビッグストーン
        - メイショウドトウ
      - マルジュ
        - サトノクラウン
    - ワージブ
      - ロイヤルアプローズ
        - アクラメーション
          - ダークエンジェル
  - ナイトシフト
    - ダイムダイヤモンド
      - タートルボウル
  - トップサイダー
    - アサティス
      - スマートボーイ
  - ディキシーランドバンド
    - ディキシーユニオン
      - ユニオンラグズ
        - カタリナクルーザー
  - ニジンスキー
  - リファール
    - ダンシングブレーヴ
      - ホワイトマズル
        - バンドワゴン
        - シルポート
      - コマンダーインチーフ
      - キングヘイロー
        - ローレルゲレイロ
  - ヌレイエフ
    - ポーラーファルコン
      - ピヴォタル
        - シユーニ
  - ダンチヒ
  - サドラーズウェルズ
  - ヴァイスリージェント
  - ストームバード

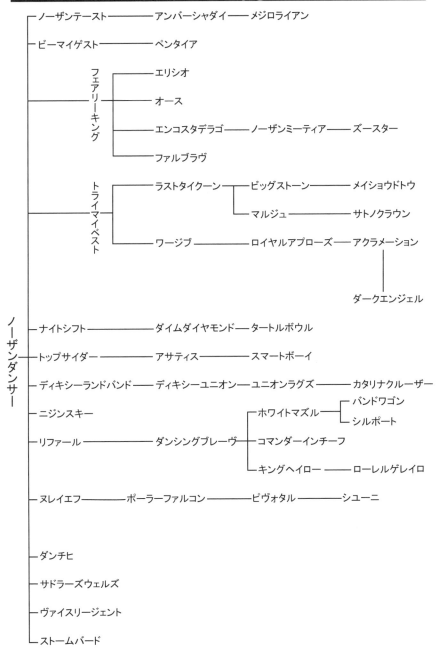

主要【父】系統図　ノーザンダンサー系②サドラーズウェルズ、ダンチヒ

- サドラーズウェルズ
  - インザウイングス
    - シングスピール
      - ローエングリン
        - ロゴタイプ
  - カーネギー
  - オペラハウス
    - テイエムオペラオー
    - メイショウサムソン
    - シングンオペラ
  - ガリレオ
    - ニューアプローチ
      - ドーンアプローチ
    - グレンイーグルズ
    - テオフィロ
      - ハヴァナゴールド
    - フランケル
      - モズアスコット
    - ノーブルミッション
  - エルブラド
    - メダグリアドーロ
      - ヴァイオレンス
      - タリスマニック
    - キトゥンズジョイ
      - ホークビル
      - ボビーズキトゥン
      - ロアリングライオン
  - モンジュー
    - モティヴェイター
- ダンチヒ
  - チーフズクラウン
    - グランドロッジ
      - シンダー
    - コンチェルト
      - ベラミーロード
        - トビーズコーナー
  - アナバー
  - バウンダリー
  - アジュディケーティング
  - デインヒル
    - ダンシリ
      - ハービンジャー
    - デインヒルダンサー
    - リダウツチョイス
    - ロックオブジブラルタル
    - ファストネットロック
    - イクシードアンドエクセル
      - ヘルメット
        - サンダースノー
  - アグネスワールド
  - グリーンデザート
    - ケープクロス
      - シーザスターズ
      - ベーカバド
    - インヴィンシヴルスピリット
      - キングマン
      - アイムインヴィンシヴル
    - オアシスドリーム
      - ショーケーシング
  - ラングフール
    - アポロケンタッキー
  - ウォーフロント
    - ザファクター
    - デクラレーションオブウォー
    - アメリカンペイトリオット
  - ハードスパン

※ともに祖はノーザンダンサー

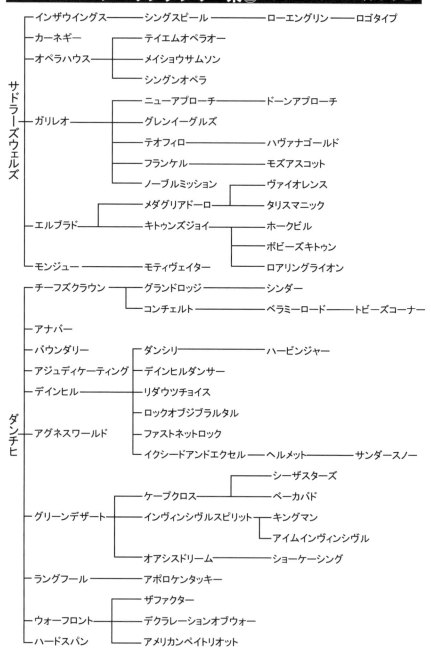

主要【父】系統図　ノーザンダンサー系③ストームバード他

- ストームバード
  - ストームキャット
    - ヘネシー
      - ヨハネスブルグ
        - スキャットダディ
          - ノーネイネヴァー
          - ミスターメロディ
          - ジャスティファイ
          - メンデルスゾーン
        - ネロ
      - ヘニーヒューズ
        - アジアエクスプレス
        - ヘニーハウンド
        - モーニン
    - フォレストワイルドキャット
    - ブルーグラスキャット
    - テイルオブザキャット
      - ライオンハート
        - カンタロス
      - ジオポンティ
        - ドレフォン
    - ストーミーアトランティック
    - バーンスタイン
      - ゴスホークケン
    - ハーラン
      - ハーランズホリデイ
        - イントゥミスチーフ
          - ゴールデンセンツ
          - プラクティカルジョーク
        - シャンハイボビー
    - ジャイアンツコーズウェイ
      - シャマーダル
      - スズカコーズウェイ
      - カルペディエム
      - エスケンデレヤ
      - ブリックスアンドモルタル
    - スタチューオブリバティ
    - フォレストリー
      - ディスクリートキャット
    - サマースコール
      - カリズマティック
        - ワンダーアキュート
- ヴァイスリージェント
  - デピュティミニスター
    - デヒア
    - ソルトレイク
    - シルヴァーデピュティ
      - マインドユアビスケッツ
    - フレンチデピュティ
      - ノボジャック
      - クロフネ
        - フサイチリシャール
    - オーサムアゲイン
      - ゴーストザッパー

※ともに祖はノーザンダンサー

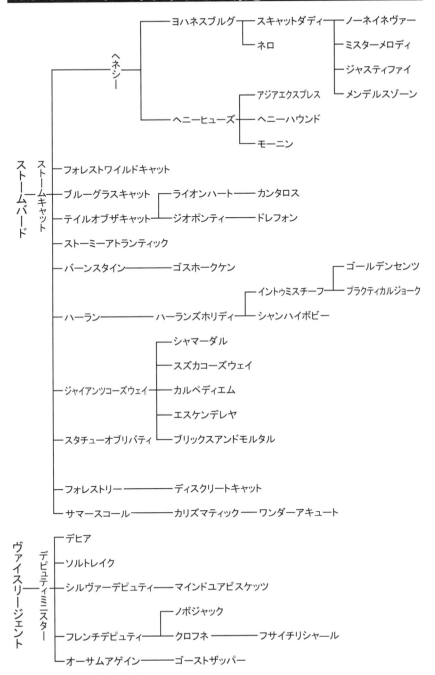

主要【父】系統図　ナスルーラ系①シアトルスルー、レッドゴッド

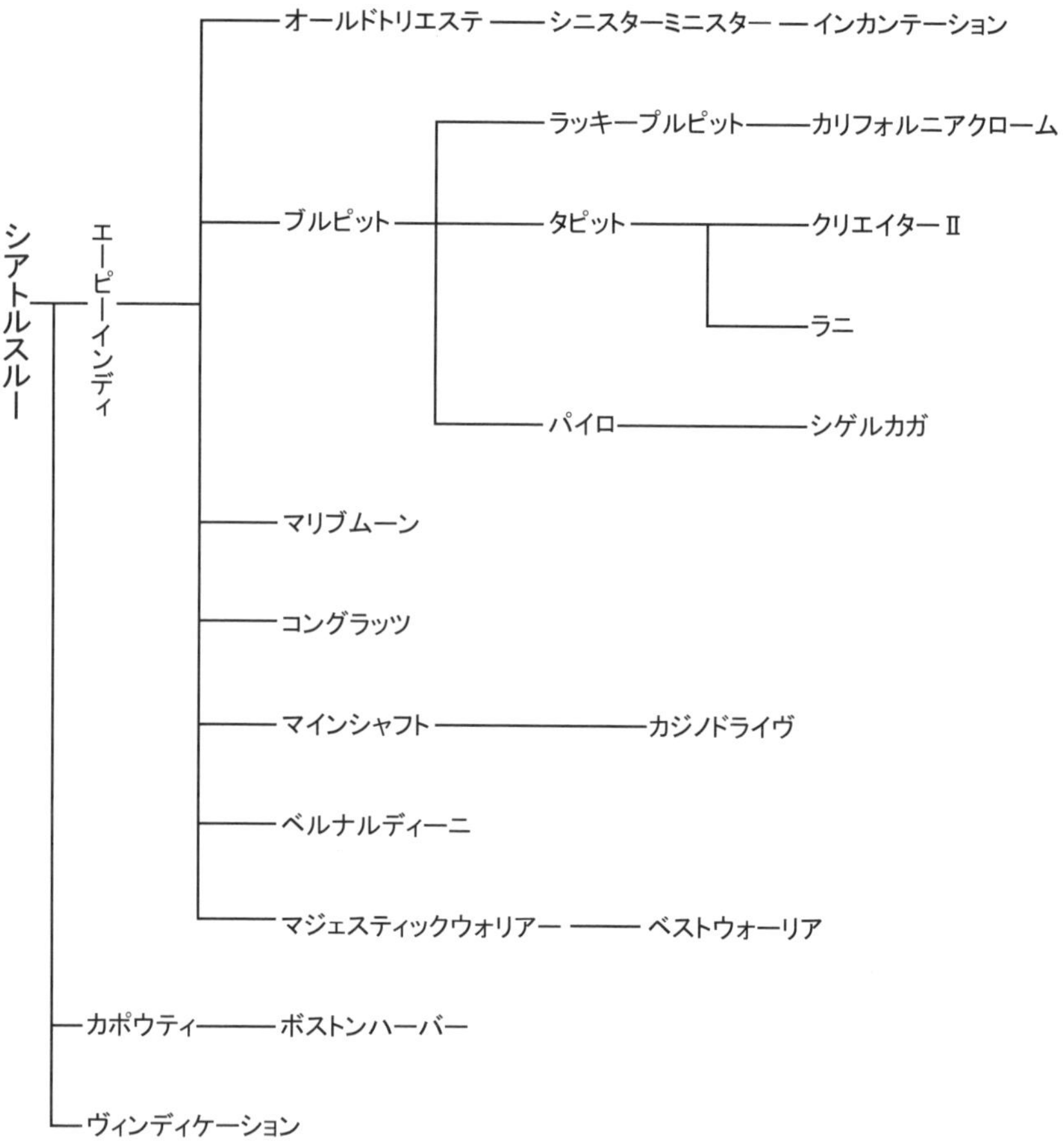

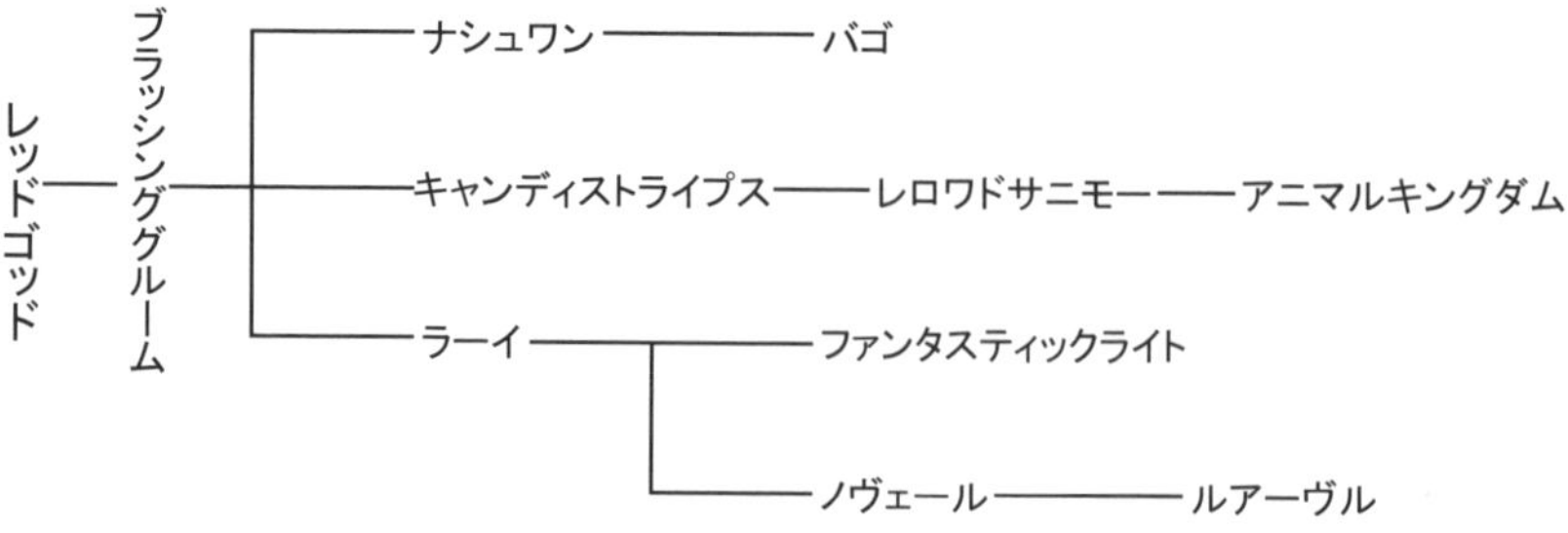

※ともに祖はナスルーラ

主要【父】系統図　ナスルーラ系②グレイソヴリン他

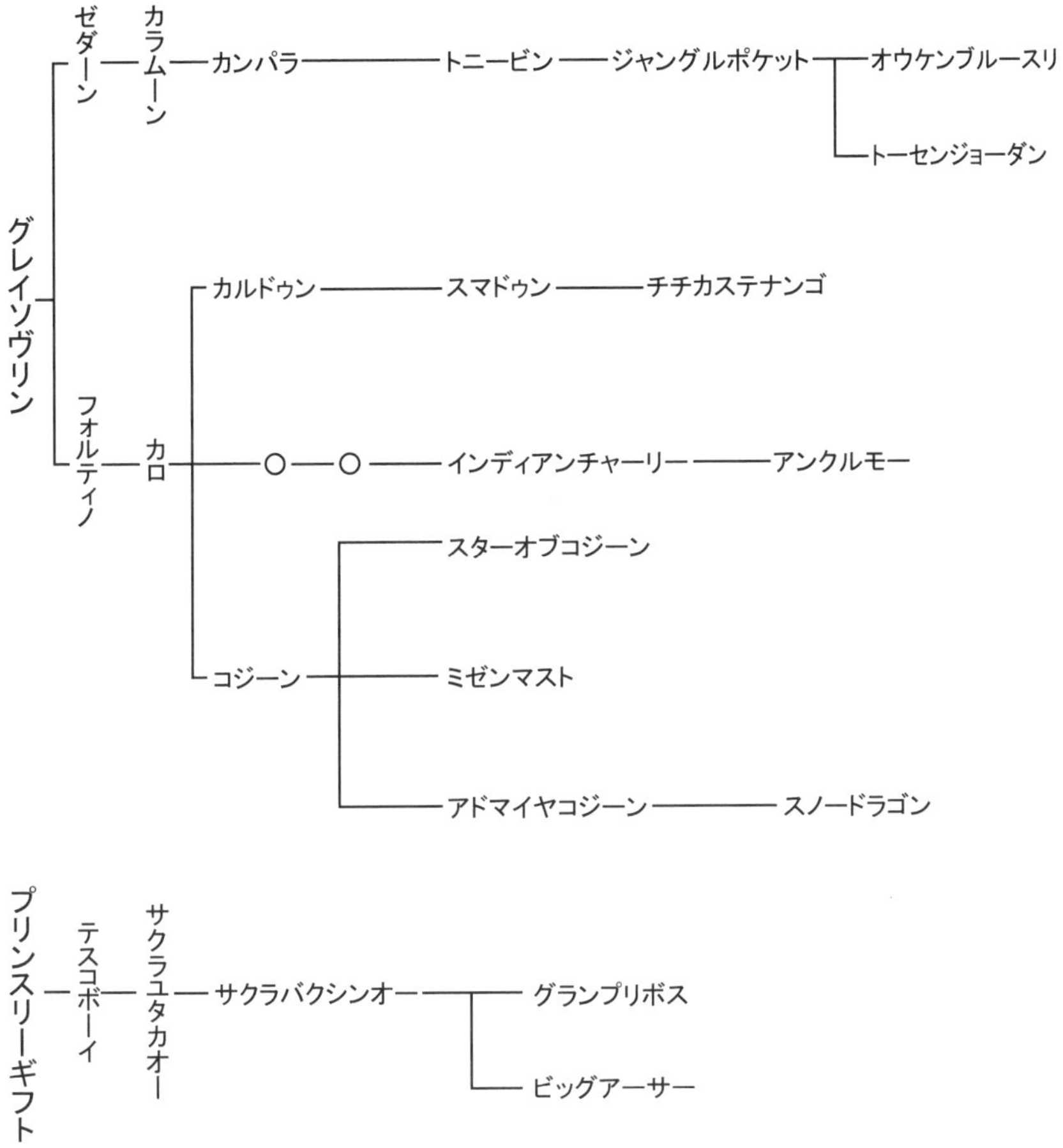

※ともに祖はナスルーラ

主要【父】系統図　ミスタープロスペクター系①フォーティナイナー他

※すべて祖はミスタープロスペクター

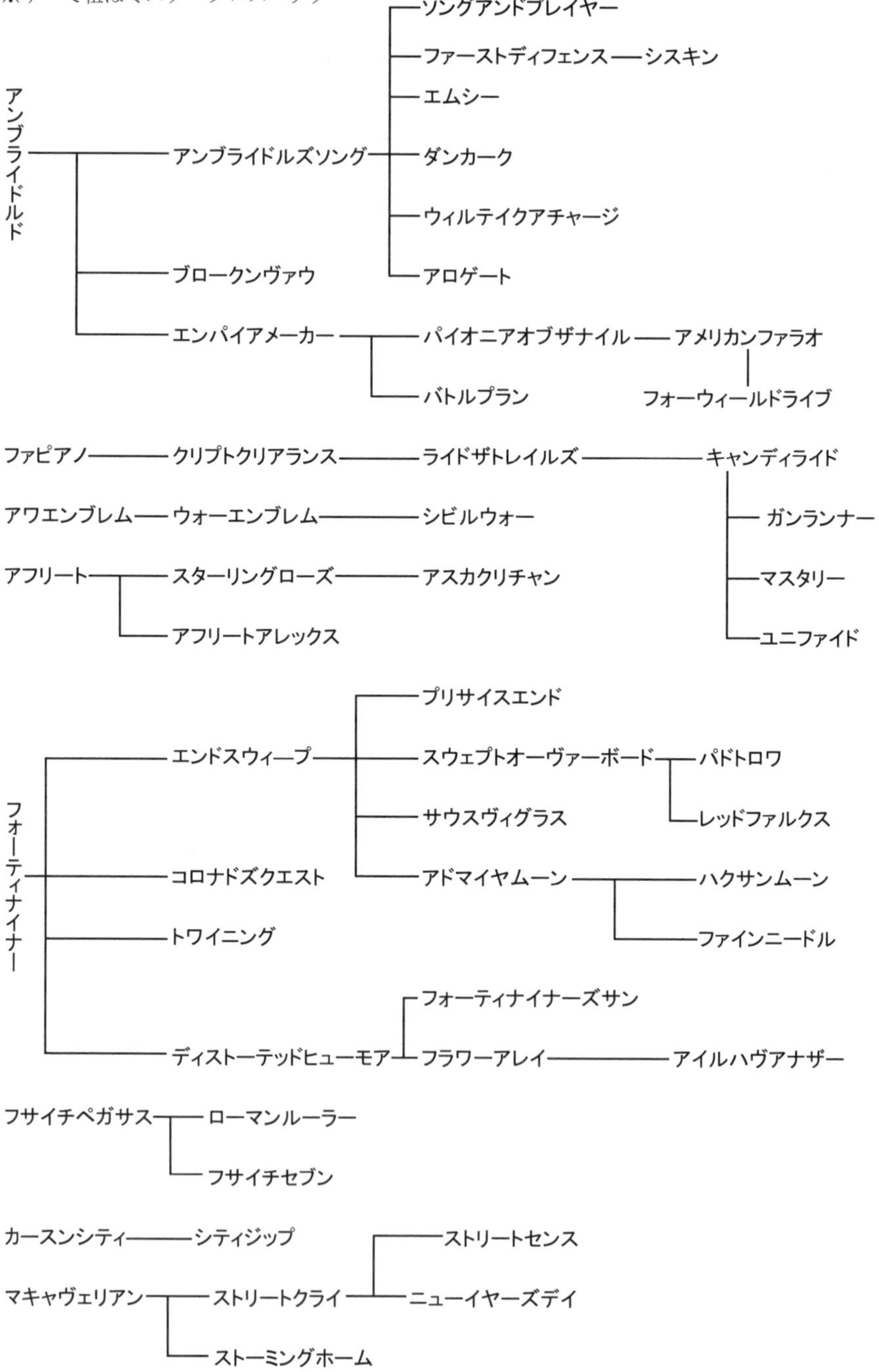

ミスタープロスペクター系②キングマンボ他

- スマートストライク
  - カーリン
    - グッドマジック
    - コネクト
  - イングリッシュチャネル
    - オプティマイザー
- コンキスタドールシエロ
  - マーケトリー
    - スクワートルスクワート
- シーキングザゴールド
  - マイネルラヴ
    - ポアゾンブラック
  - ドバイミレニアム
    - ドバウィ
      - モンテロッソ
      - マクフィ
      - トゥダーンホット
- ゴーンウエスト
  - グランドスラム
  - ミスターグリーリー
  - ザフォニック
    - ザール
  - スパイツタウン
    - マテラスカイ
  - イルーシヴクオリティ
    - レイヴンズパス
      - タワーオブロンドン
    - イルーシヴシティ
    - クオリティロード
      - シティオブライト
  - ケイムホーム
- ガルチ
  - サンダーガルチ
- クラフティプロスペクター
  - アグネスデジタル
- ウッドマン
  - ヘクタープロクテター
  - ティンバーカントリー
    - アドマイヤドン
- キングマンボ
  - エルコンドルパサー
    - ソングオブウインド
      - アイファーソング
    - ヴァーミリアン
  - キングズベスト
    - ワークフォース
    - エイシンフラッシュ
  - レモンドロップキッド
    - アポロキングダム
    - ビーチパトロール
  - キングカメハメハ
    - ローズキングダム
    - ルーラーシップ
      - キセキ
    - ベルシャザール
    - ロードカナロア
      - サートゥルナーリア
      - ダノンスマッシュ
    - タイセイレジェンド
    - トゥザグローリー
    - ホッコータルマエ
    - トゥザワールド
    - ラブリーデイ
    - リオンディーズ
    - ドゥラメンテ
    - レイデオロ
    - ミッキーロケット
    - ヤマカツエース

※祖はミスタープロスペクター

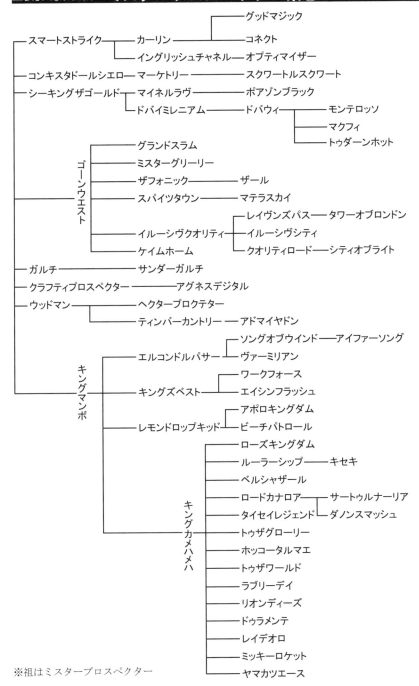

主要【父】系統図　ヘイロー系サンデーサイレンス他

- ヘイロー
  - デヴィルズバッグ
    - タイキシャトル
      - メイショウボーラー
        - ニシケンモノノフ
      - レッドスパーダ
    - ディアブロ
    - デヴィルヒズデュー
      - ロージズインメイ
  - ジョリーズヘイロー
  - サザンヘイロー
    - モアザンレディ
  - セイントバラード
    - セイントリアム
  - サンデーサイレンス
    - フジキセキ
    - ダンスインザダーク
    - スペシャルウィーク
    - アグネスタキオン
    - ステイゴールド
    - ゴールドアリュール
    - マンハッタンカフェ
    - ネオユニヴァース
    - ダイワメジャー
    - ハーツクライ
    - ブラックタイド
    - ディープインパクト

主要【父】系統図　サンデーサイレンス系①フジキセキ、アグネスタキオン他

- サンデーサイレンス
  - フジキセキ
    - キンシャサノキセキ
    - カネヒキリ
    - ダノンシャンティ
    - イスラボニータ
  - マーベラスサンデー
  - エイシンサンディ
  - メジロベイリー
  - スペシャルウィーク
    - リーチザクラウン
    - トーホウジャッカル
  - アッミラーレ
  - アグネスタキオン
    - キャプテントゥーレ
    - アドマイヤオーラ
    - ディープスカイ
    - グランデッツァ
  - ブラックタキシード
  - ハットトリック
  - ゴールドヘイロー
    - トウケイヘイロー
  - メイショウオウドウ
  - サンライズペガサス
  - サムライハート
  - デュランダル
  - オレハマッテルゼ
  - アドマイヤジャパン
  - アドマイヤマックス
  - マツリダゴッホ
  - スズカフェニックス

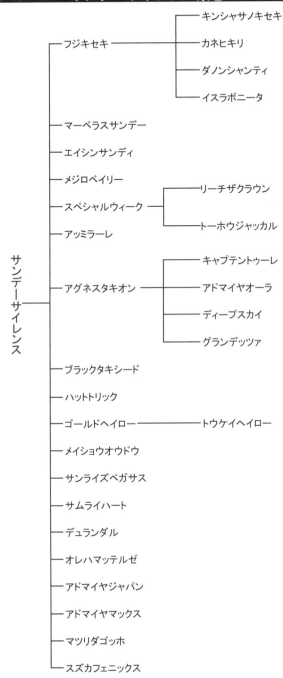

主要【父】系統図　サンデーサイレンス系②ステイゴールド他

- サンデーサイレンス
  - ステイゴールド
    - ドリームジャーニー
    - ナカヤマフェスタ
    - オルフェーヴル
    - ゴールドシップ
    - フェノーメノ
    - ウインブライト
    - リヤンドファミュ
    - レインボーライン
    - インディチャンプ
  - マンハッタンカフェ
    - ジョーカプチーノ
    - ガルボ
  - ゴールドアリュール
    - エスポワールシチー
    - スマートファルコン
    - コパノリッキー
    - エピカリス
    - ゴールドドリーム
  - ゼンノロブロイ
    - ペルーサ
  - サクラプレジデント
  - ネオユニヴァース
    - トーセンファントム
    - アンライバルド
    - ロジユニヴァース
    - ヴィクトワールピサ
  - ダイワメジャー
    - コパノリチャード
    - カレンブラックヒル
    - アドマイヤマーズ
  - ハーツクライ
    - ジャスタウェイ
    - ウインバリアシオン
    - ワンアンドオンリー
    - シュヴァルグラン
    - スワーヴリチャード

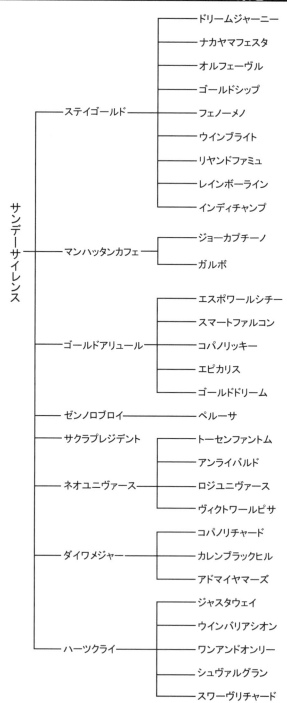

主要【父】系統図　サンデーサイレンス系③ディープインパクト他

- サンデーサイレンス
  - ブラックタイド
    - キタサンブラック
      - イクイノックス
  - ディープインパクト
    - ディープブリランテ
    - ダノンバラード
    - トーセンラー
    - ヴァンセンヌ
    - キズナ
    - スピルバーグ
    - リアルインパクト
    - ワールドエース
    - エイシンヒカリ
    - ダノンシャーク
    - ミッキーアイル
    - シルバーステート
    - サトノアラジン
    - サトノダイヤモンド
    - ディーマジェスティ
    - リアルスティール
    - ヴァンキッシュラン
    - トーセンレーヴ
    - グレーターロンドン
    - アルアイン
    - サクソンウォリアー
    - ロジャーバローズ
    - アドミラブル
    - サトノアレス
    - ミッキーグローリー
    - ヘンリーバローズ
    - コントレイル
    - フィエールマン
    - ダノンプレミアム
    - ダノンキングリー
  - オンファイア

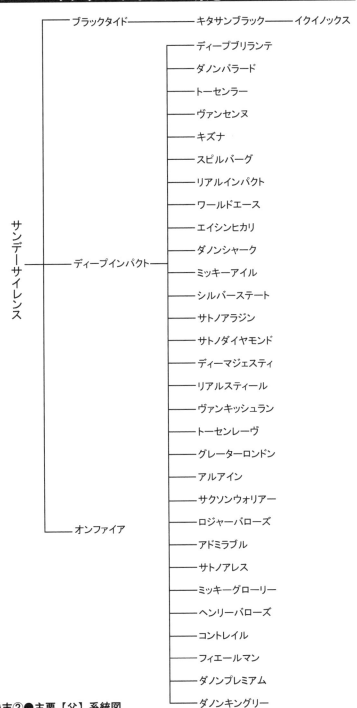

主要【父】系統図　ロベルト系

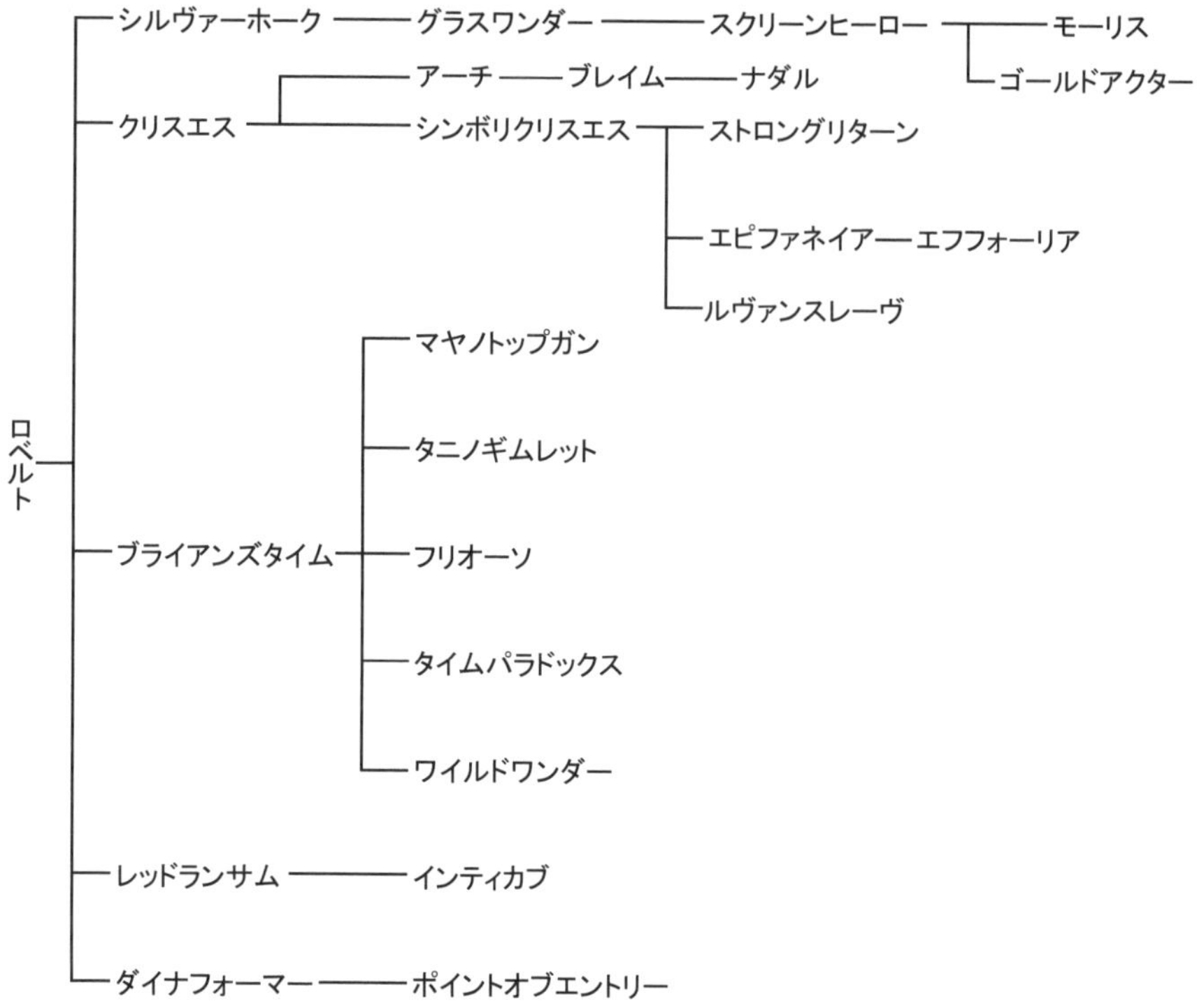

その他の傍流父系

▼ハンプトン系(欧州)

アカテナンゴ

サッカーボーイ

ナリタトップロード

▼ヘロド系(欧州)

メジロマックイーン

トウカイテイオー

▼ブランドフォード系(欧州)

ノヴェリスト

モンズン

▼ヒムヤー系(北米)

ブロードブラッシュ

ダノンレジェンド

▼ニアークティック系(北米)

ワイルドラッシュ

トランセンド

▼マンノウォー系(北米)

ティズナウ

ティズワンダフル

オナーアンドグローリー

終わりに

本書の締め切り直前。京成杯オータムHの結果を見て、私は頭を抱えたものです。

14番人気2着タイムトゥヘヴン、母の父アドマイヤベガ。

3番人気3着サンライズロナウド、母の父アドマイヤベガ。

母の父アドマイヤベガは、第2章にピックアップしたBMS。よろしければ、再度当該のページに戻って読み返してくだされればと思うのですが、高評価の文言を連ね、中山マイルでの高連対率データも挙げていました。

もちろん、私の頭にもそれは入っていました。だからサンライズロナウドは買ったのですが、タイムトゥヘヴンは……。「いくらアドマイヤベガでも、2頭圏内はないだろう」「展開は向きそうだけど、もっと買いたい馬がいるし……」という脳内会議により却下してしまったのです。ご存知の通り、私が否定したことはすべて現実となってしまいました。

自分で書いておいて信じ切らない愚かさは棚に上げて、都合の良い解釈をすると、母の父の持つ意義と馬券検討におけるその威力について、思い知らされた気にもなったものです。もちろん、母の父だけが好走要因ではないことはわかっていますが、決して偶然ではないとも感じています。

本書の制作を経て、私は改めて「父と母の父の伝えるものの違い」を痛感しました。そして長年、恥ずかしながら曖昧であった母の父という存在への解釈に、背骨を持つことができたような気がしてきました。

これらのデータだけで勝てるほど競馬は単純なものではないですが、まずは個々の馬の能力や、父馬からの適性分析のあとに、仕上げとして本書のエキスを加えていただけたら、より強固な組み立てができると思います。また同じ父を持つ馬が揃って差別化が難しいというケースでも、母の父を見て取捨に役立てることもできると思います。ぜひ柔軟にご活用くだされれば、著者としては幸甚です。

最後に読者諸兄諸姉、編集スタッフ、カバー担当の橋元浩明氏に心より御礼申し上げます。

2024年9月　水上　学

●著者紹介

水上　学（みずかみ　まなぶ）

1963年千葉県出身。東京大学文学部卒。ラジオ番組ディレクターを経て、競馬ライターに。フジテレビONE「競馬予想TV！」レギュラー出演（24期シーズン・ＧⅠ・ねらい目回収率三冠）。ラジオ日本「土曜競馬実況中継」解説（午後担当）。月刊誌「競馬の天才！」で「水上学の上から目線」連載中。著書に『種牡馬戦略SUPERハンドブック』シリーズ、『競馬攻略カレンダー』シリーズ。近著に『重賞ゲッツ！』シリーズ、『血統ゲッツ！ 2024』（秀和システム刊）。
翌日の厳選レース予想をサイト「競馬放送局」（kei-v.com）で有料配信中。無料競馬サイト「競馬Ｌab」（http:pc.keibalab.jp/）で翌日の注目馬（金・土曜夜8時頃更新）と、レース回顧コラム（水曜更新）配信中。無料競馬サイト「競馬JAPAN」（http://www.keiba.jp/）で「爆弾穴馬3」を配信中。
個人HP「水上学と絶叫する会」（携帯サイトあり）。詳細は
http://www.mizukamimanabu.net/pc/
ブログURL　http://mizukami-manabu.cocolog-nifty.com/
YouTubeチャンネル「水上学の競馬大学」随時更新中

血統《けっとう》ゲッツ！母《はは》の父《ちち》を見《み》よ

発行日　2024年10月20日　　第1版第1刷

著　者　水上《みずかみ》　学《まなぶ》

発行者　斉藤　和邦
発行所　株式会社　秀和システム
〒135－0016
東京都江東区東陽2-4-2　新宮ビル2F
Tel 03-6264-3105（販売）　Fax 03-6264-3094

印刷所　三松堂印刷株式会社　Printed in Japan

ISBN978-4-7980-7393-4 C0075